幸せな人生を歩むための8つの法則

84歳の社会教育家が語るとても大切なこと

田中真澄
Masumi Tanaka

ぱるす出版

目次

本書をお読みになる方々のために……1

84歳現役／2
一身二生の人生／3
幸福になるための条件／4
凡人の成功法則／4
初のモチベーショナル・スピーカーに／5
市民大学講座での反響／6
必死な思い／6
変化してきた考え方／7
食い違う成功観／8
善悪より損得／9
もうかればいい？／11

第1の法則　基本的な考え方について……13

第1項　人生は考え方次第……14

考え方×熱意×能力／14
新聞店主から学ぶ／15
楽観主義／17

第2項　考え方の出発点……18
秀才志向させた父／18　数学テスト0点！／19　東京教育大学へ／21
第3項　一点集中……22
弱者の戦略／22　事業主の家庭に学ぶ／23　売っていただく！／25
第4項　小欲、勤勉……26
小欲徹底／26　田中は人付き合いが悪い！／27　先輩に学ぶ／29
第5項　一生・一事・一貫……30
永守重信氏の衝撃／30　年中無休の覚悟／32

第2の法則　熱意について……35

第1項　熱意を生み出すもの……36
徳／36　「修身」のすすめ／37　怠惰な心の退治法／38　父から学ぶ／39

第2項　勤勉であることの意味……40
徳は孤ならず、必ず隣あり／40　2割でいい／41
無名の私が生きられる理由／43
第3項　流されない方法……45
群れず、動ぜず／45　存在価値の時代／46　朝日で社員研修／48
第4項　右顧左眄《うこさべん》せず実行……49
管理職で定時退社／49　異業種交流／51　社内で異端者、社外に支援者／52
第5項　年中無休の本当の意味……53
労働基準法適用外／53　森信三氏から学ぶ／54　働いて働いて働いて／56

第3の法則　行動について

……………………………59
第1項　寝る前にやるべきこと……60
仕事の能率を50％アップさせる方法／60　易きに流れないために／62

第2項　早起き……64
効用の第1は？／64　効用の第2は？／65　効用の第3は？／66
効用の第4は？／67

第3項　毎日の目標設定……68
二宮尊徳の積小為大の手法／68　ラッセル・コンウエルに学ぶ／69
コンウエルを超える／71

第4項　毎日歩くこと……72
健康維持／72　歩く時間を創る／73　歩く時の正しい姿勢／74
正しい姿勢の効果／75

第5項　すぐやる習慣……76
永守重信氏から学ぶ／76　即断・即決・即行／77　丁寧より拙速／78

第4の法則「引《ひき》」について……81

第1項 好感を生み出す基本動作……82
メラビアンの法則／82 いつの間にか講演テープが・・・・／84
しつけ教育／85

第2項 好感をもたれる雰囲気づくり……86
陽転思考／86 「引」は思わぬところから！／87 背後35人の法則／88

第3項 まめな行動が呼ぶもの……90
3まめ主義／90 関西商人とは／92 趣味は仕事！／93

第4項 ライバルとの差のつけ方……95
生業《なりわい》のメリット／95 ステップダウンの生き方／96
売買終了時から始まる商売／97 「お寺」ビジネス／98
顧客リスト、命！／99

第5項　優良顧客の創造……99
ドラッカーの言葉／99　商売成功の条件／101　顧客創造の手法／102

第5の法則　家庭について……105

第1項　家庭と親の役割……106
親は習慣の教師／106　吉野俊彦氏に共感／108　2人の子供の今／109
第2項　良妻賢母……110
妻との出会い／110　義母との同居／112　妻と義母の支え／113　義母が事務仕事／113
第3項　未就学期の子供の教育……114
三つ子の魂百まで／114　モンテッソーリ教育法／115　個性を無視した教育／116　特許件数激減が意味すること／117

第4項　夫婦協業……118
45歳以上の運命／118
ネイスビッツの予測／120
夫婦協業がカッコいい！／119
第5項　夫婦で健康体操……122
フレイル／122
ストップ、フレイル！／124
ウエル・ビーング／126
第6の法則　「一身二生」について……………………129
第1項　後半人生の考え方……130
独立自営の時代／130
あるジャーナリストの決断／131
天は自ら努力する人を助ける／133
第2項　後半人生への準備……134
ぬるま湯制度の崩壊／134
戦前回帰？／135
商人道の時代／136

第3項　信頼志向の時代……138
定年は70歳／138　最低でも80歳まで／139　92歳の技術者／140
高齢者こそ挑戦を／141
第4項　老舗商法に学ぶ……143
老舗哲学／143　起業家精神の欠如／144　黒字リストラが常態？／145
第5項　個業が有利な理由……146
「奥様」の出番？／146　起業意欲を削ぐのは誰？／147
定年前研修は夫婦で！／149　夫唱婦随のとき／150

第7の法則　「どう生きるか」について……151

第1項　定年後人生を考えること……152
生き方まで会社に丸投げ？／152　地域で生きる時代／153
後半人生を生き抜く知恵／154

第2項　年金を当てにしない老後対策……156

未来に敏はどちら？／156　年金の現実／157　現役は最高の年金／158
贅沢は敵！／160

第3項　3世代同居……161

学力テスト上位県の特徴／161　祖父母の力／162
私の「2LDK3世代」時代／163

第4項　経済的基盤の構築……165

転身を可能にするもの／165　私の1割預金の効果／166
時間とお金の使い方／168

第5項　老後の生き方の学び方……169

余りの人生でいいの？／169　学校で教えてくれないもの／170
後半人生は自分の手で／171

第8の法則　苦難を乗り越えた先達たちについて……175
第1項　艱難汝《かんなんなんじ》を玉《たま》にす……176
エリートの特徴／176　偉人伝に学ぶ／177　私が貧しさを耐えられたわけ／178
第2項　田中菊雄氏の場合……180
渡部昇一氏を奮い立たせる／180　自己実現と自己犠牲／183
第3項　松本清張氏の場合……184
学歴に苦しめられる／184　反発をエネルギーに／186
「僕は必ず文壇に出てみせるよ」／187
第4項　本多静六氏の場合……188
努力に努力を重ねたら・・・／188　「貧乏」は青年への最も貴重な遺産／189
生涯376冊／190

第5項　フランクリンの場合……192
フランクリンと福沢諭吉／192　勤勉と徳／194　霞が関官僚必読の書／195
まともな生き方を学ぶ／196
あとがき・197

本書をお読みになる方々のために

★84歳現役

私は今年、2020(令和2)年、84歳になりますが、現役の社会教育家として講演や執筆を行っています。社会人になって61年。そのうち前半の20年はサラリーマンでした。日本経済新聞社に勤務し、販売店を支援する担当員を10年、続いての10年は日米合弁会社「日経マグロウヒル社」の創業に参加し、アメリカの直販マーケッティングの理論と実際を体験しました。

こうした営業現場での仕事のかたわら、

「人が幸せな人生を送るにはどうすればいいのか」

「普通の人間が成功するにはどうすればいいのか」

といったことをライフワークとする研究を続けてきました。この研究は昭和54(1979)年に独立してからも今日までずっと行ってきました。

ニューヨークにあるマグロウヒル社に出張した折には、コロンビア大学やニューヨーク大学内にある書店に行き、関係する文献を探しました。さらに、アメリカから日本に上陸した成功プログラムをベースとしたセミナーにも参加し、そこから多くのヒントを得ました。独立後、ダイレクト・マーケッティング海外視察団に参加し、欧米の主要都市を訪れたときも多くの文献を渉猟しました。

★一身二生の人生

本書でも、講演でも、これまでの著書でも繰り返し述べてきましたが、国民の8割を占める「サラリーマン」の成功観は企業内での立身出世です。したがって、学校でも家庭でも、そこに志向した教育となっています。

しかし、このような従来の考え方は「人生60年＋α」時代のものであり「人生１００年時代」、すなわち定年年齢65歳として、その後の人生が35年もある時代には通用しません。今まさに、勤め先で得ていた所得や地位がなくなった後、一人の人間として、どのような人生を築いていくかが問われているのです。

今や「一身にして二生を生きる」（一つの体で二つの人生を生きる）時代になったのです。その後半人生で独自の能力を発揮し、世のため人のためにどう貢献したかで、その人の成功が評価される時代になったのです。

★幸福になるための条件

人間の生き方を研究した人間性心理学の世界的権威、アメリカのアブラハム・マズロー博士（1908〜1970）は、

「人間は自己実現に向かって絶えず成長する」

とし、自己実現欲求を満たすことが人間の究極の幸福であると主張しています。

私たちの生きる目的は幸福になることです。

その幸福は自己実現を果たすことであるとするマズローの説を用いるなら、前半の人生でどんなに立身出世を果たしても、後半の人生で自己実現の人生を歩めなければ、その人は成功者とは言えないとするのが、これからの時代なのです。

そう考えると、定年後あるいは途中で転身し、後半の人生で、自分で選んだ仕事で存分に自己実現の人生を歩めた人は、みんな成功者と言えるのです。

★凡人の成功法則

私が独立後、生きるための武器としたのが「幸せな人生を歩むための法則」とは何かと

いうことでした。要は、

「人がより良く生きるための大切な行動と考え方の習慣を身につける生き方の指針」

ということです。私はサラリーマン時代を通して、このことを自らの仕事や家庭生活で活用してきました。その結果、私の人生は好転していき、その経験を部下や社内の人々に伝えたところ、それを実行した人からはとても喜んでもらえました。私が独立したのは、この輪をさらに広げることでした。

★初のモチベーショナル・スピーカーに

加えて、当時のアメリカでは、人々に生きる勇気と希望とやる気を抱かせる講演家をモチベーショナル・スピーカーと称して世の尊敬を集めていました。ですから私も、わが国初のモチベーショナル・スピーカーになろうという目標を掲げることにしました。

幸いに、独立前に話力研究所とデール・カーネギー講座の夜のコースで、日米双方の話力を磨く研修を存分に受け、そこでの成績はトップクラスでしたし、特に人々に情熱的に語りかける話法は、私の得意の分野でした。それもあって、私がモチベーショナル・スピーカーを目指すという目標を掲げることは、本気で挑戦したい目標でもあったのです。

★市民大学講座での反響

独立早々、知人の紹介で東京市民大学講座の講師を担当し、「幸せな人生を歩むための法則」をベースとした講演を行ったところ、大きな反響がありました。そのことがきっかけとなり、仙台・名古屋・大阪・神戸・広島の各市民大学講座でも講師として出講させてもらうことができました。どの講座も受講生から好評を得て、毎年のように招かれました。

この体験から、「幸せな人生を歩むための法則」は世間の支持を得られるとの自信を得、以後の私の社会教育家としての道が開けていきました。そして全国的に講演を重ねていくことで、私自身の自己実現の人生を築くことにつながっていったのです。

★必死な思い

日本では、どこの組織にも所属せず、独立独歩の人生を歩むことは、危険な生き方であるとの考えが常識です。それでも私はあえてどこにも所属することなく、自分を信じ、自分がつかんだものを世に伝えることに必死になって取り組みました。

その必死さが伝わったのでしょうか、多くの人が、この法則を素直に受け止め、私が説いたことを継続的に実行し、自己実現を果たしていかれる方が年々増えていったのです。

よく他の講師から、

「田中さんは、テレビに出ないのに、どうしてそんなに講演に招かれるのですか」

と尋ねられます。その答えは、本書の中にあります。

★変化してきた考え方

私は、独立の際の周りの心配をよそに、スタート時から順調に仕事に恵まれました。したがって、独立したことを後悔していません。

私が独立後一貫して説き続けた「幸せな人生を歩むための法則」は誰にでもあてはまります。それは多くの人が実践し、成功していることで証明されています。しかし、いわゆるインテリと呼ばれる人ほど、それを小馬鹿にし、軽視したりする人が多いのには驚きました。

そういう人は自分の成功観、すなわち勤め先で立身出世して、無事に定年退職した後は年金と退職金で余生を過ごすという考えしか眼中になく、それ以外の幸福に関する情報には無関心です。ですから、定年後の長い人生をどう過ごすかについて、ほとんど真剣に検討しようとしないのです。

ところが最近の定年前のサラリーマンは違ってきました。

「人生100年」の言葉を政府が使うようになってから、日本人の多くがこの言葉を口にするようになり、「もしかしたら自分も100歳近くまで生きるのでは」と考えるようになってきています。

そのこともあってか、最近、私の講演を聴講した多くの方々は、「聴いて良かった」と言ってくださるようになりました。ますます長くなる後半の人生をどう生きるかのヒントを手になさるからでしょう。

★食い違う成功観

パソコンが職場に存在しなかったアナログ時代に仕事をした人の成功観と、1995年以降のパソコンを使って仕事をするのが当たり前になったデジタル時代の人間の成功観との間には、大きな違いがあるようです。1995（平成7）年というのはWindows95が発表され、パソコンで仕事をする人たちが飛躍的に増えた年です。

アナログ人間は、努力・苦労・忍耐といった「心の鍛錬」・「自己犠牲の精神」の心的態度を重視し、その結果として自己実現を達成できたことを「成功」と受け止めています。

それに対してデジタル人間は、心の側面はスルーパスし、パソコン・スマホを駆使して、ネット上で情報を収集し、苦労することなく、望み通りの仕事ができ、またそれによる多額の収入を手にできることを「成功」と受け止めているのが一般的です。

昔から平成の初頭までは「損得より善悪が先」の言葉通り、心の問題を常に考える風潮がまだ社会にはありました。それがネット社会に変わってからは、「損得」が最優先されるようになりました。それは心の問題を無視するのではなく、見て見ぬふりをする行為が社会的に黙認されていることが影響しています。

そうしたことから、サラリーマンは当然として、あれほど善悪を問題にしてきた事業主においても「損得よりも善悪が先」の気持ちが薄れています。それを表す象徴的な事件が㈱商業界の自己破産です。

★善悪より損得

㈱商業界は戦後間もない1948(昭和23)年に設立され『商業界』『食品商業』『販売革新』『日本スーパー名鑑』など、全国の商店主や小売業関係者のための情報誌を発刊し、片や「商業界ゼミナール」と称する商業セミナーの開催を全国的に展開し、多くの商業関係業者の育成に貢献してきました。その会社が、この２０２０年４月２日に全従業員を解雇し、東京地裁に自己破産を申請したのです。

『商業界』の初代主幹であった倉本長治氏が「店は客のためにあり、店員と共に栄える」の基本理念の下に、正しい商人のあり方を示すために作成した「商売10訓」は、小売業関係者の間では広く知られています。その第１訓は「損得より先に善悪を考えよう」となっています。商人の基本中の基本が、この言葉で示されています。

戦後から１９９８（平成10）年頃までの時代は、この言葉が商業関係者の間では、共通の理念として語られてきました。職場にパソコンが普及してからというもの、人々の心から次第に「善悪」を尊重する意識が薄れていきました。

特に、パソコンが社員の仕事に欠かせなくなり、加えて２００８（平成20）年にパソコンと同じ機能を持つスマートフォン（通称スマホ）が登場すると、ほとんどの国民がスマホを保有するようになり、一気に世の中はＩＴ社会になっていき、「損得より善悪が先」という意識がますます希薄になりました。

★もうかればいい？

パソコン・スマホを操作することで、欲しい情報が手に入り、また自分の情報を広く伝えることができるようになると、対面販売が減少し、国民の特に若い世代の間で、商店よりもネット上の通販業者のサイトを通して商品を購入するという新たな生活習慣が生まれ、それが定着するにしたがって、商店街が衰退し、同時に商業人の活躍の場も少なくなっていきました。

それが㈱商業界の業績の足を引っ張り、ついに自己破産に追い込まれていったのです。と同時に、㈱商業界が唱えてきた「損得よりも善悪が先」の考え方が現在では逆転して、「善悪よりも損得」の考え方が次第に広がり、儲かりさえすればいいという考え方が、ビジネス上で主流を占めつつある傾向を広めてしまっているのです。

私は「商業界ゼミナール」の講師として、全国のセミナー会場で多くの商業人と接しながら、こうした世の中の変化を早目に感じていました。それだけに、破産のニュースに接した時、やはりそうかと残念な気持ちになると同時に、これも時代の変化による避けられない事態なのかもしれないと考えざるを得ませんでした。

しかし私自身は、精神面の重要性を素通りして、利益だけを考えるビジネス観や成功観は、はっきり言って間違っていると思っています。それを容認してしまうと、今回のコロナウイルス事件で日本人の多くが感じたように、唯物論の延長線上にある共産主義思想、そしてさらにその延長上のグローバリズムの持ち主である習近平のような人物が登場し、人間性を無視し、相手の事情に関係なく自分の都合を押し通していくという、恐ろしい思想や恐ろしい人物の存在を許していくことにつながるのです。

第1の法則　基本的な考え方について

第１項　人生は考え方次第

★考え方×熱意×能力

現存する経営者の中で私が尊敬している方は、京セラの稲盛和夫氏（１９３２〜）です。氏は戦後の起業家の中で最も成功を遂げられた方として、また人間性を磨く面で私たちが模範とすべき方です。

氏は１９３２（昭和7）年の生まれで、年齢的には私より４歳先輩です。１９５９（昭和34）年、私が日本経済新聞社に入社した年に、氏は京セラを創業されたこともあり、私はそれ以後、氏の活躍をずっと注目し、その数々の言動や経営者としての姿勢から、多くのことを学びました。

氏の著作はたくさんあり、私もその多くを購読してきましたが、現在、手元で繰り返し読んでいるものは『京セラフィロソフィ』（サンマーク出版　２０１４）です。この本には氏の経営哲学の根源が詳細に述べられています。

その中で最も重要な個所は、次に示す方程式であろうかと思います。

人生・仕事の結果＝考え方×熱意×能力

この方程式が意味するのは、人生でも仕事でも、その人の考え方と熱意と能力の掛け算で結果は決まり、その中で最も重要なのは「考え方」であるということです。

私も能力を次のように定義しています。

人の能力は大別すると、「知識」と「技術」と「心構え」（心を作る日々の行動と考え方の習慣）の３つで構成されている。その中でも「心構え」は「知識」と「技術」を引っ張る機関車の役割を担っている。「心構え」が磨かれなければ、どんなに知識や技術が優れていても、成功することはできない。

★新聞店主から学ぶ

私の提唱する「心構え」は、稲盛氏と同じことを意味しているだけに、氏の提言を知った時、私は大きな感動を覚えました。先の方程式の「考え方」と「熱意」は心構えの所産です。人生・仕事の結果は、「心」のあり方で決まるという稲盛氏の示唆は、同氏から援軍を送ってもらったと受け止めました。

いかに知識と技術の能力が優れていても、その人の考え方が間違っていたり、熱意が乏しかったりすれば、人生も仕事もうまくいかないことを、まず強く認識すべきです。まともな人生を歩むためには、その認識を持たずには何事も始まらないのです。

ところが、この最も肝心なことを今の学校は教えませんし、今では家庭でも勤め先でも教えなくなりました。そのために昨今は、人の道に反する事件が家庭・学校・職場で頻繁に起きるようになってきています。

その点、私がトラブルを起こすことなく今日までくることができたのは、私の考え方が積極性と明朗性を重視してきたことから、トラブルに出会った際には「無駄な経験など一つもない」と口癖にしながら、そこから何かを学ぶ積極的な心の姿勢を保ってきたことが大きな要因であったと思います。

その結果、人が避けるような案件を自ら引き受けて、人様に喜ばれ、私自身もその経験から多くのことを学ぶことができたのです。

その生き方の姿勢をしっかり身につけられたのは、日本経済新聞社時代に新聞販売店の店主と親しく付き合えたことが大きかったのです。

新聞配達はまだ人が寝ている時刻に、どんなに風雨の激しい時でも行なわねばならぬ、しかも原則として年中無休で働く厳しい条件が伴う仕事です。ところが新聞配達業界で生きている人たちは、人が避けたがる仕事だからこそやりがいがあり、そしてこの仕事は、人々の生活を根底で支えているという自負心を抱いており、その姿勢が私にも乗り移ったと考えています。

★楽観主義

つまり、新聞配達業界の方々と10年間一緒に生きたおかげで、マイナスと考える状況を、自分の意志でプラスに受け止めるという業界人の習慣を、私も身につけることができたということです。

哲学者アランは「悲観主義は気分によるものであり、楽観主義は意志によるものである」と述べていますが、まさしく物事をプラス発想で捉えるには、常に意志の力を伴う必要があります。私が日本経済新聞という大きな組織の中で恵まれていた状況から、全く保障のない世界に飛び込めたのは、この考え方がベースにあったからなのです。

アラン＝1868〜1951。フランス。哲学者、評論家、モラリスト。本名はエミール・

オーギュスト・シャルティエ。アランはフランス中世の詩人アラン・シャルティエからとったもの。『幸福論』（岩波文庫）

第２項　考え方の出発点

★秀才志向させた父

人々は学校生活を通じて、大雑把に分けて「秀才志向」と「プロ志向」の人間に二分されます。前者は「勉強のよくできる子」として一流大学へのコースに乗り、後者は一つの専門力に挑戦し、何かのプロフェッショナルを目指すコースに乗るのが一般的なケースです。

現在の日本はほとんどがサラリーマン家庭で占められているため、幼稚園前の段階から進学教室的な塾に通わせる秀才型志向の親たちがいます。私の家庭も今思えば、父は「秀才志向」人間になる道を私に向かわせたのです。

父は教育熱心で、勉強に必要なものなら、貧乏しながらでも、何でも買ってくれました。高校に入学した年の４月、文化放送は旺文社提供の大学受験ラジオ講座の放送番組をスタートさせました。ブラームスの「大学祝典序曲」がテーマソングとして使われたこの放送は、初めての大学受験対策放送番組であり、情報不足の地方の高校生にとっては、聴きたい番組でした。

しかし私の住んでいた福岡県大牟田市では電波の関係でこの放送が受信できず、高価な超高性能のラジオでないと無理であることがわかりました。そこで父は聴講可能なラジオを求めて市内中を探してくれましたが見つからず、当時は電車で２時間以上もかかった福岡市に出かけて買ってきてくれました。

★数学テスト０点！

そんな父の熱意に支えられた私は、ラジオだけでなく旺文社の大学受験雑誌『螢雪時代』も購読し、この雑誌を通して大学受験に関する様々な情報を早目に入手しました。さらにラジオ講座の講師の解説を聴きながら、東京の豊富な学問上の情報に接し、できれば学ぶ機会に恵まれた東京の大学に進学したいと秘かに思うようになりました。

しかし私の父は戦前、軍人であったことから戦後は戦犯に指名され、昭和27（1952）年4月に講和条約が発効されるまでは公職に就けず、そのために我が家は貧乏な生活を強いられました。私が高校に入学したその昭和27年に、父は大牟田市役所に勤められることになったのです。しかし、当時の地方公務員の給与は安く、とても私が東京の大学に進学するほどの経済的な余裕はありませんでした。

一方、高校では新しく赴任した校長が大学進学に非常に熱心で、入学直後の1学年時から優秀な生徒を本格的な大学受験体制を敷いたクラスに集め、当初から高度な受験準備の授業がなされました。幸い私もそのクラスに入りましたが、自分の能力のなさを味わうことになります。

特に数学は東京大学や東京工業大学などの難度の高い問題に対応する授業が行われたことから、それをまともに理解できる仲間はごくわずかで、第1回の中間テストではクラスの95％が0点で、私もそうでした。試験で0点をとったのは初めての経験でしたが、なんと入学したばかりの同級生の中に、難解な問題を解く仲間がいたことに私は大きなショックを受けました。

それまで私は自分では「できる」と思い込んでいただけに、二重のショックでした。このとき、私は「俺は秀才でもなんでもなく普通の能力しかもっていないのだ」ということを実感することになります。それはある意味での達観でした。この時の思いが以後の私の人生に大きく影響することになります。

★東京教育大学へ

自分の家の経済状態や能力は別にして、私の「東京で学びたい」との思いはつのるばかりでした。当時の東京の一期の国立大学の中で、合格できそうなところは東京教育大学でした。その大学は戦前の教師養成の総本山としての自負からか入試問題は模範的なものが多く、私でも合格の可能性を抱けたからです。

しかも同大学はこれも戦前からの伝統で、地方の学生に対する学生寮が完備されており、その上、教職に就く学生には特別奨学金が支給され、しかも都内の裕福な家庭からの家庭教師を斡旋してほしいとの依頼があり、それを学生寮事務室が受けていることも『蛍雪時代』を読んで知ることができました。

そこで将来はプロの教師を目指そう、それにはどうしても東京教育大学に進学したい、この大学ならば学生寮で生活すれば何とかやっていけそうだからと、父に相談したところ、

「ある程度のお金は、軍人恩給を担保に金融業者から前借りできるし、わずかでも毎月送金するから、あとは奨学金と家庭教師でやりなさい」

と逆に励まされました。そして受験の際、父も私と一緒に上京し、私が試験を受けている間に、市役所の紹介状を持って都庁に出かけ、母子寮での家庭教師の仕事を見つけてきてくれたのです。おかげで合格すれば大学で学べる見通しを持つことができたのです。

第３項　一点集中

★弱者の戦略

プロ志向の人は、秀才志向と違って興味を広げてあれこれやるのではなく、これと決めたことに集中してやる習性があります。秀才を強者とすればプロは弱者と言えます。強者と弱者が戦う場合、弱者の戦い方を「弱者の戦略」と言いますが、私はこれを赤鬼と一寸法師のお伽噺に例えて考えています。

赤鬼を強者、一寸法師を弱者と置き換え、一寸法師は赤鬼に食べられてしまうと、お腹の中で、剣として持っていた針の先端に力を集中し、赤鬼のお腹をチクチクと刺し続けます。赤鬼はその繰り返し刺される痛さに耐えられず、一寸法師を吐き出して逃げるというのがこのお伽噺の結末です。

これは弱者が強者に勝つには「一点集中・コツコツ」と辛抱強くやり続けることを示す「弱者の戦略」であると考えられます。このことを十二分に承知して、凡人は凡人なりに我が道を堂々と歩んでいけばいいのです。

多くの人は、秀才以上にあれこれと興味を拡散し、一つのことに絞って、それを徹底してやろうとする人が少ないのです。その結果、逆に強者に差をつけられてしまっているのです。

★事業主の家庭に学ぶ

無事に大学に入学できた私は、都下の母子寮の家庭教師としてスタートしましたが、そこでは子供たちが入れ替わり立ち代わり私の部屋に押しかけ、そのことによって私の勉強が全くできないとわかり、６か月で辞めて大学の学寮に移りました。

そこで早速、家庭教師の仕事を斡旋してもらい、夕方から夜にかけて、週2回、都内の事業主の小中学生の子供の勉強を見ながら、それ以外は大学の図書館や学寮の学習室で勉強するという、幸いにして落ち着いた生活を送ることができるようになりました。

大学4年間、４つの家庭を担当して子どもを教えるかたわら、事業主として成功されたご主人夫妻と時折話し合う機会もあり、そこで事業のことを聴くことができ、私の人生を見る目が大きく開かれました。

どの事業主にも共通していたのは、仕事一筋の生活を送り、しかもその生活姿勢をずっと変えていないことでした。まさに弱者の戦略を活かしておられたのです。

私は成功した事業主の家庭生活を目の当たりにするのは初めてでした。経済的にはもちろんですが、精神的にも事業で成功した人たちの生活は、私の育った家庭とは大違いでした。戦後10年から13年にかけての一般サラリーマンの家庭はどこも質素でした。食事でも衣食住でも今から考えるとお粗末なものでした。

ところが私が関わった事業主の家庭は、事業のやり甲斐を夫妻で共有し、サラリーマンの家庭生活では見られない物心両面の充実感が感じられました。

これは戦後10年目の頃の話です。その現実を垣間見た私は、事業主として生きることこそ本当の人生ではないかと考えるようになり、将来は教育の分野での事業主として生きたいとの望みを持つようになったのです。

★売っていただく！

事業主の話を聴くうちに、私は書店の店頭で、主に事業主が読んでいる『実業の日本』『商業界』『商店界』などの月刊誌を立ち読みするようになりました。そして、さらに「自分で事業をする」ことについての情報を多く得るようになり、私の心には「将来は事業主になる」という思いが強まり、それが日本経済新聞社の業務部門への入社につながっていったのです。

日本経済新聞社での最初の10年間は、事業主としては弱者である新聞店主との付き合いに終始したおかげで、弱者としての生き様をたっぷりと観察し、事業で成功していく人とそうでない人との差を具体的に学ぶことができました。

しかも当時の日本経済新聞は、東京都内以外の配達は、他の新聞社系列の販売店に委託していたために、店主との対応も、常に頭を低くして折衝することが運命づけられていました。「売らせてやる」ではなく「売っていただく」ということですから、当然のことです。

しかも、その経験を通じて、相手に対し尊大な態度で振る舞うことのない姿勢を身につけることができたのです。

社会に出たばかりの若い時代に、こうして「低姿勢で相手に接すること」を仕事上の習慣として体で覚え込んだことは、私の一生の宝となりました。同期で記者になった仲間の中には、仕事柄、尊大な態度で人に接する人もいました。もし私がそんな態度を身につけていたら、とても今日の私は存在しなかったでしょう。

第４項　少欲、勤勉

★少欲徹底

私は入社して４年目の昭和37（１９６２）年に結婚しましたが、戦後17年が経っていたものの、新婚生活は今の若い人には考えられないほどの貧しさでした。それでも当時はそれが当たり前と考え、私たちは金不足・物不足の中で慎ましい生活を送りました。

その経験があるだけに、昨今の日本人の、贅沢しながら「預貯金はゼロ」という生活が理解できません。家庭生活の基本は昔も今も「入るを量りて出ずるを制す」（＝収入を計算し、それに見合った支出を心掛けるの意）が基本中の基本ですが、その基本を受け入れられないで、足りないお金があればローンで借りて使うという方法で生活する人がいます。つまり自分の消費の欲望を抑えることができず、欲望の言いなりになっている生活態度を当然と考えているのです。少欲で生きることの重要性がわかっていません。

少欲の生活態度が身につかない限り、いつまで経っても経済的な自立はできないことになります。それを改めるには、欲望を抑える生活、すなわち少欲に徹することを習慣づけることです。まず自分の欲望をできるだけ抑えて、自らに課す仕事と自己啓発に時間と費用を集中投資することが肝心です。

★田中は人付き合いが悪い！

私の場合は、衣食住の費用は極力節約し、その代わり仕事にかける時間と本代や自己研修の費用にはできるだけ投資しました。貧乏ながら家の本は毎月増えていきました。その親の姿を見て2人の子供はいずれも本好き人間に育ち、その後はプロの世界で生きていく人生をたどっています。

面白いことに２人の子供の生活態度は質素で、普通の生活で満足しています。親の少欲な生活態度が自然に継承されたようです。

こうした私の体験から言えるのは、自分の得手《えて》に早く気づき、それに対して、できるだけ早くから時間とお金を集中的にかけ続け、自分の専門力を確立することが肝心なのです。

新聞社時代、私は職場の仲間と麻雀をしたり、就業後、飲み歩くことはありませんでした。日経マグロウヒル社に移ってからも、職場のゴルフコンペにはたまにしか出ず、出ればいつも最下位でした。そんなことから「田中は付き合いにくい奴だ」と仲間たちに言われていました。

それは重々承知の上で、私は退社後や休日の時間は、自分のために使いました。今ではこうした生活態度は当たり前になってきましたが、昔はプライベートの時間も会社の仲間との付き合いに当てるのが一般的でした。しかし私は入社当初から将来は事業主になるとの望みを抱いていましたから、職場の仲間の誘いを断ることに躊躇することはありませんでした。

自分なりの人生設計を有していれば、消費の欲望も人様からの誘いも抑えることができやすいのです。周りに付和雷同することしかできない人との付き合いを避けることもできるのです。

★先輩に学ぶ

私は新人研修時代、刷り上がった新聞を輸送トラックに積み込む作業を担当する発送部で2週間ほど実習したことがあります。その時、40代半ばの先輩が休憩時間になるといつも専門書を読んでいるのに気づきました。私はその人に興味を抱き、近づいて話を聴いてみると、その人は刀剣愛好家の間では知られる刀剣鑑定家のひとりでした。

中央大学を卒業して入社したにもかかわらず、社内での立身出世は全く望まず、敢えて平社員に徹し、休みの時間帯はすべて刀剣の学習に当て、休日は旧家を訪れて未鑑定の刀剣を探し出しては、それを鑑定して歩くということを趣味にしている方でした。

私はこの方の話に聴き入りました。私よりも20歳も先輩の方でしたから、すでに亡くなられたと思いますが、定年後は刀剣鑑定のプロとして活躍されたに違いありません。

このように会社の中や地域の人の中には、質素に生きながらも、ひとつのことに絞って将来のプロを目指している人が結構存在しているものです。そうした方々と接することで、プロの道を歩むための実際の生き方を学ぶことができます。少なくとも私はそうやって学ぶ機会を見つけ出し、その姿を目にして、いろいろな生き方を勉強してきました。

第5項　一生・一事・一貫

★永守重信氏の衝撃

昔から成功している人は、周りから「働き者」との評判をもらうほど仕事に熱心です。そして「稼ぐに追いつく貧乏なし」の言葉を口にします。これは常に精を出して働いていれば貧乏に苦しむことはないという意味の言葉です。

ところが最近、この言葉は、あまり聞かれなくなりました。それは、働いても働いても生活できない層がいて、その人たちのことを「ワーキングプア」と称し、ワーキングプアの存在は社会の責任であるという考え方が出てきたからだと思います。

しかし働く人の中には、どの組織にも属さず、仕事の依頼者側と契約して働くプロの人たちも大勢います。この人たちは個人事業主であり、労働基準法は適用されないという特典が与えられているものの、生活の糧は自らの責任で確保しなければなりません。

そのために生活できる資金を手にするまでは長時間労働を武器に働きづめに働くことになります。実際にそうしている人が多く、まさに「一生・一事・一貫」の生き方を堅持しています。

稲盛和夫氏と並び称せられる方で、やはり京都で起業し、大成功を収めている日本電産の創業者永守重信氏（1944～）は、ご母堂から教えられた言葉「人の2倍働けば必ず成功する」を信条として、長時間労働に徹し続けている方です。

事業経営の世界では、こうして時間を仕事に集中することで事業の基盤を確立していくのが前提となります。ですから政府の福祉政策に頼らず、自分の得手の分野で懸命に働き続けるのです。そのように仕事に懸命に打ち込んでいる人は次第に周囲の人々の目にとまり、その働き振りが評価され、次々と新たな仕事口を紹介してもらうことから、働けないで困ることはないのが普通です。

ところが、こうした事業主として働くメリットを全く知らない人がいます。サラリーマンの生活を長くしていると、雇われることでしか収入を得られない習性が身についてしまっているからです。

こういうタイプの人が最近は増えていることから、自分で独立独歩の生き方を選択しようにも、その方法がわからず、またわかっても決断できないでいるのです。つまり起業家精神が欠如してしまっているのです。

そうなっているのは、戦後の日本の学校では起業家を育てる教育を行ってこなかったからです。それに気づいた安倍内閣は、やっと今頃になって起業教育の盛んな先進諸国にならって、中学・高校でも起業を学ぶ機会を設けてきていますが、本格的に定着するにはまだまだ時間がかかるでしょう。

それを補うには、事業主として生きる人たちの生活実態を知ることが大事です。そのことは、大学時代や前社時代に事業主と親しく付き合うことができた私の実体験から自信をもっていえます。

★年中無休の覚悟

事業主は常にライバルとの競争が強いられることから、できるだけ仕事に徹する必要があります。それが事業主本来の宿命でもあります。場合によっては年中無休・長時間労働も当たり前とする覚悟も求められます。

この覚悟がない限り、事業は永続できないと考えるべきかもしれません。事業はそれほど甘くはありませんので。

私は独立する際に、自分の名刺の住所欄の脇に「年中無休・24時間受付」の文言を刷りました。そのことは今も同じです。「年中無休の覚悟を抱いて仕事に当たれ！」と自分に言い聞かせる意味もあってそうしているのです。

この名刺のお陰で、事業主の皆様に「田中は事業主の気持ちがわかっている」と受け止めていただき、当初から好意的な支援を受けられたのです。

また当時は盛んだった日曜や深夜の研修の講師として招かれた際には、どんな時も、誠心誠意、手を抜くことなく熱誠講演に徹したことで、多くの皆様が私のファンになってくださり、助けてくださいました。

このように私の場合は、独立当初から、仕事一筋に時間を活用したのがよかったのです。

当時、私と同様に脱サラして事業を始めた数名の人を知っていますが、その人たちはとっくに廃業しました。その原因は、仕事以外のことにも関心を持ち過ぎ、少欲に徹することができなかったからだと思います。

第2の法則　熱意について

第１項　熱意を生み出すもの

★徳

江戸末期、わが国が欧米諸国の勢力と対等に付き合い、どの国からも侵略されず、近代国家に生まれ変わることができた最大の要因は、武士階級だけでなく、百姓や町人に至るまで、日本の国民は総じて熱意ある民族であったからです。それは当時来日した外国人が等しく認めています。

そういう国民を江戸時代に養成できたのは、武士階級の教育機関であった藩校でも、庶民に学問を教えた寺子屋でも、共に教育のベースが儒学であったからです。儒学の基本の倫理は「修身・斉家・治国・平天下」（＝天下を治めるには、まず自分の行いを正し、次に家庭をととのえ、次に国を治め、そして天下を平和にする）です。

この「修身・斉家・治国・平天下」の言葉にあるように、国のありようを左右するのは、国民一人ひとりの考え方と行動を正すことにあるのです。すなわち「修身」の徳を身につけることが、すべての始まりなのです。

★「修身」のすすめ

その具体的な実行方法を私たちに易しく説明してくれたのは、竹内均氏の著書『「修身」のすすめ』（講談社）です。この本は1981（昭和56）年に発刊されましたが、以来、修身について関心のある人の多くが読んでいる名著です。

氏はこの本の最後のところで次のように述べています。

「われわれが実行すべき修身の内容である勤勉・貯蓄、正直・中庸、感謝・報恩の中では、まず勤勉、正直および感謝を実行すべきである。・・・それが身についたところで、貯蓄および報恩を実行し、また中庸を心がけるべきである。これが修身の内容であり、それは独身者でも実行できるものである。独身者が結婚し、妻や子があるようになったら、修身の実行に重ねて、斉家を実行すべきである。このように修身は、まず自分から始めて家へ及ぼし、その実行の輪を拡げていくべきものである」（同書260〜261ページ）

竹内均＝1920〜2004。元東京大学教授、地球物理学の世界的権威。雑誌「ニュー

トン」初代編集長。福井県出身

★怠惰な心の退治法

氏は「勤勉・正直・感謝」をまず実行することから始めることを勧めていますが、この3つの徳の中でも、氏が最初に挙げているように、まず「勤勉」を身につけることが大事です。勤勉とは、言うまでもなく、勉学や仕事に一所懸命に励むことです。それが人生で最も大切な徳目だからです。

勉学でも仕事でも、それに励むには熱意が必要です。人は油断をするとすぐ怠惰な生活に陥ってしまう悲しい性を持つ動物です。それは心に勤勉な心と怠惰な心が共存しており、後者のほうが前者よりもしぶとい存在だからです。したがって、怠惰な心のことを「雑草の心」とも言います。雑草はどんなに抜いても、ちょっと油断するとすぐまた生え広がっていきます。

それを防ぐには、毎日毎日（雑草を）抜き取るという勤勉な行動を習慣づけることです。その勤勉さを維持するには「今日もやるぞ！」という熱意が必要です。勤勉と熱意は手の裏表の関係であると考えることです。

ですからいつも勤勉な行動で対処していると、無意識のうちに熱意のある人になっていきます。「熱意を持ってやろう、やれば熱意が湧いてくる」という言葉がありますが、この言葉は勤勉な行動が、次第に心の中に熱意を生じさせることを意味しているのです。

このことがわかれば、熱意を持てないでいる時は、朝早く起きて、とにかく甲斐甲斐しく働くのです。そうしていると、否が応でも心に熱意がじわりと湧いてくるのです。

★父から学ぶ

私の父は熱意の人でした。戦後の苦しい時期、行商で私たち一家を養ってくれましたが、父は朝から夜まで働きづめでした。それこそ人様の2倍は働いていました。勤勉を武器に私たち家族をなんとか養い続けてくれたのです。

この父の姿は75年経った今も、私の脳裏に焼きついています。ですから私も勤勉な人間となることができ、常に熱意を抱きながら人生を歩み続けているのです。また同時に、人を動かすモチベーショナル・スピーカーとしての私の仕事を支えてもいるのです。

その体験から勤勉な行動を通して熱意を持つことで、正しく生きていく原動力（エネルギー）を手にすることができるのだと考えています。

第２項　勤勉であることの意味

★徳は孤ならず、必ず隣あり

「徳は孤ならず、必ず隣有り」という諺があります。徳のある人のそばには必ずその人を支持する同志的な人が集まる、という意味です。確かにこの言葉通り、世の中の動きを見ているとそうなっています。

世の中を構成している人々の約８割は、大きな変化を好まない傾向があります。現状維持が好きな人が多いということです。一方、２割の人は、変化への対応に抵抗が少なく、良い変化であればそれを支持する側に回るのです。

そのことを、米国スタンフォード大学教授のエベレット・ロジャーズ氏は、新しい農業技術が普及していくプロセスを調べている時、「物事を創造する革新者は世の中に２・５％ほど存在し、その革新者の言動にすぐ賛同する人たちは15・５％いる」という法則性があることに気づきました。

この事実は1962（昭和37）年に発表された氏の著書『DIFFUSION OF INNOVATIONS』（革新の普及の意）で紹介されました。私はそのことを同書の邦訳『技術革新の普及過程』（培風館　1966）を読んで、全体の約2割の人たちが世間の革新の担い手であると知ったのです。

エベレット・ロジャーズ＝1931〜2004。アメリカのコミュニケーション学者。社会学者。氏は前述の書籍のなかで、新たな概念、習慣、商品などが普及する過程を研究し「イノベーター」「アーリーアドプター」「アーリーマジョリティ」「レイトマジョリティ」「ラガード」の層を定義した。

★2割でいい

この時、私は異様に興奮したことを覚えています。なぜなら、私は当時から職場では新しいことを言う人間として見られていました。新しい動きに関心があり、いつも会議などでは人の知らないことを提言していましたが、その提言の多くは否定されました。なぜ否定されるのだろうかということが、この本を読んでわかったのです。つまり、おおよそ8

割の人は新しいことには興味がないのです。

それまで、常に反対する人が多いので、無力感を感じていましたが、その本を読んで自信をもちました。以来、多くの人が私の言うことに反対するというのは当たり前と考え、自分のアイデアを発表し続けました。

すると、どうでしょう？　秘かに賛成する人たちが出てきたのです。しかもいずれも優秀な人たちでした。私が１９６９（昭和44）年に日経マグロウヒル社（現日経ＢＰ社）に出向し、新しい販売政策を企画し、日経本社にその協力を依頼した時には、その彼らが積極的に応援してくれたのです。

この体験は、私の独立の際に大いに役立ちました。私が独立後に講演や執筆で思いきったことを提言すると、そのことを有能な人ほど賛成してくれ、「田中の提言は面白い。聴いたほうがいい」と人にも紹介してくれました。

このように周りの人に影響力を持つ人をインフルエンサーと言いますが、この人たちの口コミの力は、広告媒体の宣伝よりも効果があります。その効果が知られるようになり、最近では企業がＳＮＳ上で、インフルエンサーの口コミを活かすインフルエンサー・マーケッテングを盛んに使っています。

★無名の私が生きられる理由

私は日経マグロウヒル社時代に、このインフルエンサーの存在に気づき、その人たちをつかむことで大きな発信力を手にすることができるのだと実感しました。この貴重な体験が私の独立に生きたのです。

無名である私の講演が、マスコミに関係なくとも、深く静かに人々の間で次第に知られるようになった理由は、そこにあるのです。

私のインフルエンサーの主体は、各業界のリーダーとして活躍している成功した事業主の方々です。この方々は勤勉派が圧倒的に多いため、私が「勤勉に生きよう」「享楽派や快楽志向の流れに乗るな」と主張するものですから、そのことに大いに共鳴してくださるのです。

世の中全体の雰囲気は、年を追うごとに勤勉な生き方よりも快楽を楽しむ生き方に傾き続けています。また政府もこの傾向に拍車をかけるように、月曜日を休日にして日曜と連動して連休を増やすような政策を採っていますから、その政策は現場にマイナスの影響を与えているところも増えています。

こうした事態を苦々しく感じているのが、勤勉を武器に成功してきた中小企業の事業主の方々です。そういう方々は内心では政府の労働政策に反対であるにもかかわらず、国民の大半が快楽志向を歓迎している雰囲気や、日頃付き合いのある政府の労働政策の最先端の機関・労働基準監督署の存在などを考慮して、口を閉ざさざるを得ない状況にあるのです。

一方、私はどこの団体にも所属せず、誰の干渉も受けない立場ですから、堂々と快楽志向の傾向に対して反旗を翻す発言を続けてきました。その発言の場を増やし広げることに貢献してくださっているのが事業主の方々です。そうした方々が陰の応援者となって、私の知らないところで、講演のチャンスを創り出す役割を担ってくださっているのです。

第3項　流されない方法

★群れず、動ぜず

私たちの周りの人を観察していると、自己抑制ができないで周りに合わせて生きている、いわゆる付和雷同タイプの人が圧倒的に多いことに気づかされます。こういう人に共通しているのは、自分は何のために生きているのか、その目的意識が希薄なことです。そのため自分の意志を貫けず、人の誘惑に負けて、その誘いに乗ってしまます傾向が強いのです。

私の新聞社時代10年の間（昭和34～44年）は、やっと戦後の日本が落ち着いてきて、働く場の職域が戦前の地域社会に取って代わって、サラリーマンの共同社会、すなわち身内の場になっていった時代でした。

ですから仕事が終わって家にまっすぐ帰るのではなく、職場の同僚と連れ立ってなじみの飲み屋に出かけるとか、マージャンに夢中になって時間を過ごすのが常態になっていました。

そんな空気の職場を背にして、自分一人の行動をとるのは勇気がなければできないことで、普通はしないものです。私はそれをあえてやり続けました。

当然のことながら仲間たちからは嫌がられました。特に同期の仲間からは冷たくされました。その疎外された時の感覚が今も心の隅に残っています。

それでも我慢しながら自分の意志を守れたのは、私の心の中に将来像が描かれていたからです。これまで述べてきたように私には「将来は事業主として羽ばたきたい」という強い念（おもい）があったのです。

★存在価値の時代

このことは、繰り返し述べなければならないほど大切なのです。どうしてかと言えば、日本人が快楽志向に流されている今の状況が、いつまでも許されなくなる時代になりつつあると思うからです。

もう自分の生き方を勤め先に丸投げにして、目の前の楽しみに身を任せるような生き方ができない時代です。大企業もどんどんリストラを始めてきています。その詳細はパソコンで「不況ＣＯＭ」と検索すると、全容を知ることができます。損保ジャパン４０００人やセブン＆アイ３０００人を始め、大手企業が１０００人単位のリストラを今年度中に計画しているようです。こうした人員削減の動きが、どの業界でも生じてきます。そのことからも、もう大企業と言えども、全社員を定年まで維持する力はなくなったのです。

したがってサラリーマンは、突然、リストラ宣告を受けてもあわてないで済むように、日頃から自分の力を磨いておかねばならない時代になったのです。そのことは、勤め先が保障してくれていた所属価値にすがるのではなく、自分の独自の存在を示せる存在価値に賭ける時代になったと言うことです。

その第一歩は、とにかく今の目の前の仕事に勤勉に取り組むことです。真剣に仕事をして異質なことに直面していると、そこから自分の将来やるべきことは何かに気づかされます。このことを私は、講演でいつもこう表現するのです。

電線と電線がふれあって火花が散ることをスパークと言います。このスパークとは〈ひらめき〉という意味もあります。つまり異質な体験に出会うと、ハッとひらめくことがありますが、それが将来の自分につながるのです。

さらに仕事に懸命な姿を誰かが見ていて、それが思わぬところでチャンスと出会う可能性を生んでくれるのです。

★朝日で社員研修

こんな経験がありました。日本経済新聞社を退社して講演を始めた時、私の講演を聴いたライバルの朝日新聞社の人から、

「田中さん、うちの販売店主の会合で話してくれませんか」

と言われたのです。そして各県の店主の会合に次々と招いてくれ、最後には朝日新聞本社の社員研修の場でも講演させてもらいました。

その話が伝わって、今度は日本経済新聞の店主や店員の会合にも招かれるようになり、新聞の販売業界は私の有力なマーケットになったのです。

日本経済新聞社時代の私の仕事振りが、ライバル社の人からも、かつての日経の仲間たちからも認められていたのだと思いました。

加えて、日経マグロウヒル社時代の直販業務の仕事振りが関係者の記憶にあったのでしょう、当時のダイレクトマーケッテング協会のセミナー講師としてたびたび招かれました。

その上、欧米の直販業界の視察団にも加わることになり、アメリカ・イギリス・ドイツ・スウェーデン・デンマーク・イタリア・スペインの直販企業を訪問する機会にも恵まれました。このことで、私の視野は広まり、それがまた新たな講演や執筆に活かされていきました。

第４項　右顧左眄《うこさべん》せず実行

★管理職で定時退社

私たちは周りの人たちと同じことをしている時は、安堵感を覚えて、何の不安も持つことなく行動できるものです。ところが人と全く違うことを自分だけがしていると、周りの目が気になり落ち着かなくなります。

私も今、他人と違った行動を取り続けた時のことを思い出すと、「同調強要圧力」とも言うべき圧迫感を確かに感じていました。そして周りに合わせる生き方に引きずられそうな思いに襲われ時もたびたびでした。

　そんな時は自分に対して、

「周りの誘惑に負けたらおしまいだ、お前は人とは違うのだ。お前しかできないことに打ち込め」

　と自分自身を叱咤しました。それが出来たのも、将来に対する明確な自己像を持っていたからです。

「人は自分が考えるような人間にだんだんなっていく」

　と言いますが、その言葉を体現するには、心の中に強烈な使命感《ミッション》を抱くと同時に、使命感を具現化する具体的な目標に向かって、己を駆り立てる熱情が必要です。私は自分の体験を通して、まさにそうだと思っています。

　周りの目を無視して定時退社し、思わぬ効果を手にした私の場合は、日経を退社するのは入社満20年前後であろうと考えていましたので、その5年前から毎日の定時退社を決意しました。

　管理職である私が仕事中の仲間や部下を置き去りにして、一人早目に退社することには、ものすごい抵抗がありました。しかし度胸をつけて、こそこそすることなく堂々と振る舞いました。その私の行動に上司の先輩たちは諦め顔で黙って見過ごすだけでした。その代わり、朝は一番に出社し、やるべき仕事はしっかりやり、周りから後ろ指を指されずに済むように心がけました。部下たちへの十二分の配慮も手抜きなく行いました。

この定時退社の効果は抜群でした。早めに帰宅して、机に向かう時間が確保でき、ビジネス雑誌への寄稿原稿や単行本の原稿を書くという「自分を磨く時間」ができてきました。それに加えて、退社後は社外の出版社の人たちとの勉強会に出て、異なる視点から自分を見直す時間も持てるようになりました。

★異業種交流

この出版社の人たちとの勉強会に出ていた9人の仲間たちは、そのうちの8人がその後に独立し、それぞれ出版社を設立し今日に至っています。

当時はそんな雰囲気が出版業界には満ち満ちていたのです。その意味では、いい時代に私は独立を果たせたと考えています。

もう一つ、私が熱心に通ったサラリーマン勉強会がありました。日本橋の証券会社の人たちが中心の情報交換の会合でしたが、ここに通って親しい仲間を作れたことは、独立後の事業展開に役立ちました。

証券界の人たちは先見性のある情報に興味を抱く人が多く、私が当時から研究していたアメリカのジェロントロジー（加齢学・老人学）の情報を高く評価してくれ、独立後の講演会開催にも協力してくれることが多かったのです。その時に感じたのは、人と違った分野を自分なりに極めておくことは、異業種の人たちと繋がっていく上にも欠かせないことだということでした。

★社内で異端者、社外に支援者

こうして日経の組織内では、私は徐々に異端者扱いを受けることが多くなりましたが、それに比例するかのように、他業界の人々との接触の機会が増えていき、その後の私のネットワークの形成に大いに役立ちました。

この経験から言えることは、自分の真剣な念（おもい）に従って、自分の独自の専門分野を確立していこうと懸命に生きていると、自分では全く思いもしなかった人々とのご縁ができていくことでした。

例えば、ある証券会社の営業部長が、

「あなたの話は私たちの全く知らないことだらけで、聴いていて飽きることがない。あなたは今のような話を専門分野としてやっていけば、独自のプロとしてやっていけると思います」

と語ってくれました。この方は、日頃は厳しい意見を言う人で知られている人でしたから、私はこの人の言葉に大きな勇気をもらいました。

その後、私の独立に際しては、私のために講演会をセットしてくれ、証券業界の人たちに私を紹介する機会を作ってくれました。オンリーワンの存在価値を持つことの有利さを、この時も実感したのです。

第５項　年中無休の本当の意味

★労働基準法適用外

労働基準法第１１６条第２項にこういう規定があります。

「この法律は、同居の親族のみを使用する事業及び家事使用人については、適用しない」

だから、私はどの講演でも必ずこう言います。

「事業主ならびに同居の親族には、労働基準法は適用されないという特典があるから、この特典を大いに活用して、お客様、何かご用がございましたら、いつでもどうぞという、年中無休・24時間営業の精神で仕事に臨もう！」

何の保障もない個人が定年退職後や途中で独立する場合、まさしく徒手空拳（物事を始める時、頼るものがなく体一つである）であることから、せめて万人にとって平等の財産である時間をフルに活用し、年中無休・24時間営業の精神で頑張ることが大切であるとの主張なのです。

★森信三氏から学ぶ

私が独立に際して、いつも読み返していたのが寺田清一氏編の『森信三先生一日一語』（実践人の家）でした。

特に幾度も声に出して読んだのが、次にかかげる言葉でした。

○人間何事もまず10年の辛抱が必要。そしてその間抜くべからず、奪うべからずは基礎工事なり。されば黙々10年の努力によりて、いちおう事は成るというべし

○人は退職後の生き方こそ、その人の真価だといってよい。退職後は、在職中の三倍ないし五倍の緊張をもって、晩年の人生と取組まねばならぬ。

○休息は睡眠以外には不要――という人間に成ること。すべてはそこから始まるのです。

○朝起きてから夜寝るまで、自分の仕事と人々への奉仕が無上の楽しみで、それ以外別に娯楽の必要を感じない――というのが、われわれ日本のまともな庶民の生き方ではあるまいか。

○人間の生き方には何処かすさまじい趣がなくてはならぬ。一点に凝縮して、まるで目つぶしでも喰わすような趣がなくてはならぬ。人を教育するよりも、まず自分が、この二度とない人生を如何に生きるかが先決問題で、教育というのは、いわばそのおこぼれに過ぎない。

○すべて一芸一能に身を入れるものは、その道に浸りきらねばならぬ。躰中の全細胞が、画なら画、短歌なら短歌にむかって、同一方向に列するほどでなければならない。

これらの言葉を読むごとに森信三氏の教育に対する静かな情熱が伝わってきます。そのことは事業を展開する場合も全く同じだと思うのです。少なくとも私はそう理解し、やる以上は年中無休・24時間営業の精神で立ち向かっていこうと考えました。

★働いて働いて働いて

しかし、この姿勢はあくまで事業主本人に求められるべきもので、従業員にまで求めるのは酷であり、労働基準法はそのことを認めてはいません。

特に大きな企業が年中無休を謳い、それを事業展開に活用することは時代の趨勢に合致しなくなりつつあります。人手不足の日本では働く人を大切に活用する時代を迎えました。したがって、事業主個人と従業員一般を明確に区別して、あくまで「年中無休・24時間の精神」は事業主にのみに適用されるべきものです。

ところがこのところ、政府の働き方改革の影響を受けてか、事業主までが長時間労働を行うことに後ろ向きになりつつあります。全ての時間を仕事に打ち込むことはよくないことと誤解する傾向が出始めていますが、これはとんでもない間違いであり、事業主が働いて働いて働き抜くことは褒められこそすれ、非難すべきことではないのです。

こうした状況から判断されるのは、日本人の道徳観が残念ながら欧米流のグローバリズムの浸透で、知らず知らずのうちに消滅する方向に向かっていることです。勤勉に働く心的態度が崩れ、全ての行為を賃金の対象として考え、仕事に対する喜び、お客様に対する奉仕の喜びを感じる豊かな人間性の涵養がそこには見られません。

人間性を喪失した国民が増えれば、何事も効率主義で判断するようになり、個々人の献身的な努力の尊さ、人への思いやりを高く評価する気風が損なわれていくことになります。

そうした危険な社会にならないためにも、事業主は仕事に全身全霊で打ち込む姿勢を保ち続けていかねばならないと私は強く思っています。

第3の法則　行動について

第１項　寝る前にやるべきこと

★仕事の能率を50％アップさせる方法

「２万５０００ドルのアイディア」の話を聞いたことがおありでしょうか。

チャールズ・シュワブ（１８６２〜１９３９）は、鉄鋼会社ベツレヘム・スチールの社長であった時、アイビー・リーというコンサルタントから仕事の能率を50％アップさせる次の方法を教わりました。

①夜寝る前に、明日しなくてはならぬ最も重要な６つの項目を書く。
②その６つの項目に対し、優先順位の高い順に番号を付ける。
③翌朝、目が覚めたら１番から順に処理する。
④１番目が終わるまで、決して２番目に取り組んではならない。

そして、アイビー・リーは帰り際に、

「この方法をご自身でなさってみて、さらに部下にやらせてみてください。あなたがよいと思われる期間、試してみてください。その後、あなたのご判断でこの方法の価値に値段をつけて、私に小切手を送ってください」

と言って去っていきました。

その後、チャールズ・シュワブは、

「損得の観点からこれまで学んだなかで最も儲かる方法である」

と述べた手紙を添えて、アイビー・リーに対し、２万５０００ドル（現在では５０００万円に相当）の小切手を送ったのです。

それから5年後、ベツレヘム・スチール社は世紀の合併を経て、世界最大の鉄鋼メーカー「ＵＳスチール」になっていき、チャールズ・シュワブは世界の鉄鋼王として知られるようになったのです。

優先順位をつけてから仕事をする方法は、多忙な私を大いに助けてくれました。この方法は、今では多くの人が活用していますが、私も日経時代に知り、以来、今日にいたるまで毎日使っています。

★易きに流れないために

私はメモ帳に明日やるべき事項を６つ書き、必ず優先順位をつけてから、ベッドに入ることにしています。

翌朝、神仏への礼拝時、神様に向かって優先順位に従って事を行うことを自己宣言し、その順番通りに仕事を片づけていきます。この方法を自分のものにしてから、仕事の能率はすこぶる向上していきました。

日経マグロウヒル社時代の終わりの時期は、販売部・調査開発室・日経マグロウヒル販売㈱（現・日経ＢＰマーケッティング）の３つのセクションの責任者を務め、多忙を極めましたが、この方法で物事を処理し、どうしても私がすべきことだけを手掛け、あとは他のスタッフに任せることで何のトラブルを生ずることなく、仕事をスムーズに処理していきました。

私は、独立してからも、この方法をフルに使い、その日にやらねばならぬことは必ずやるという習慣を確立しました。その代わり、重要度の低い項目は翌日以後に移しながら、最終的にそれでも順位の低いものは捨て置きました。

講演の合間をぬって、著作の執筆に時間を確保することができたのも、この方法が身についていたからです。

書斎の本棚には、これまで書いた拙著の96冊が発刊順に並べられていますが、それを見る度に、「よくこんなに書けたものだ」と思うことがあります。

私はゴーストライターを使わず自分自身で書いていますから、アイビー・リーのアイディアを活用して、毎日少しずつ書き進めていきました。そのために執筆の優先順位をいつも上位にしており、その結果が現在の成果につながっているのです。

今もロングセラーを続けているフランク・ベトガーの『私はどうして販売外交に成功したか』（ダイヤモンド社　1982）はよく知られていますが、実は2冊目も書いています。その本は『私はこうして全米ナンバーワンの営業マンになった』（イーストプレス　2007）です。その冒頭に、アイビー・リーの方法を知って飛躍的に営業成績を残すことができたとはっきりと述べています。

自覚すべきは、やるべきことに努力を集中し、かつ継続実行するのが、事を成就する決め手であるということです。すなわち易きに流れやすい人間の性《さが》を抑制し、前向きな向上心を保つためには欠かせないのがこの方法であり、大切なことを忘れずに実行させるように自分を追い込むための具体的な手段でもあるのです。

この方法を身につけると、やってもやらなくてもいいことに手を出す習慣を排除でき、やるべき重要なことに時間を集中できるようになります。それを継続していけば、自分でも驚くほど能率が上がっていきます。

第２項　早起き

★効用の第１は？

私は講演では必ず「早起きは最高の生活習慣」ということを話します。それは、早起きの習慣を身につけることが成功への確かな道と信じているからです。

最近は早起きに関する本がたくさん刊行されており、どの本も早起きの効用を縷々述べ、早起きが一番大事な習慣だと指摘しています。

私の父は早起き人間でしたから、その影響で私も早起き人間として生きてきました。その早起きの習慣を身につけたおかげで、生きていく上でどれだけ得をしたか計り知れないものがあります。

その早起きの効用の第1は、健康の維持です。早起きは健康を維持するための大切な条件です。その証拠に患者の健康回復を目的とする病院の入院患者の起床時刻は朝6時～6時半です。日の出と共に目を覚ますことが昼行性動物の習性です。人間は夜行性ではなく昼行性の動物です。昼行性動物は元来早起きの動物です。人間も昼行性ですから、早起きでなければなりません。それが自然界に生きる昼行性の動物として当然の行為なのです。

★効用の第2は？

第2は、積極性の養成です。早く起きれば、心理的に前向きな気持ちになり、やる気を養うことになります。職業上、日本でやる気を最も必要とするのは自衛隊の隊員です。非常事態が起きた時、自衛隊の隊員は果敢な行動が要求されます。そのことは地震や風水害の被災地で活躍する隊員たちの行動を見れば分かります。

彼らの駐屯地での起床時刻は6時です。そのために起床ラッパは5時55分(ゴーゴーゴー)に鳴ります。ですから私は講演で「人生は前向き、人生はゴーゴーゴー（go go go）」といつも言ってきました。

戦前の日本では、20歳になると青年は徴兵制度により軍隊に入り、３年間は軍務に服する義務がありました。そこでの集団生活が青年たちに規律ある生活習慣を強制的に身につけさせましたから、早寝早起きの習慣が嫌でも身につきました。

それを知る高齢者の中には、若者は大学に進学する前に、半年でも1年でも集団生活を通して規律正しい生活を経験させる必要があると主張する人もいます。

大学時代、４年間、学生寮で過ごした私は、集団生活の中で早寝早起きの習慣が守れないルーズな人がいることを知っています。そういう人は、その後の人生でもあまりうまくいっていないものです。

★効用の第３は？

第３は、仕事の能率が上がることです。早起きした人は何事も早めに手をつけることから、携わる仕事の処理も他者より素早くできるのが普通です。それだけ早起き人間は、物事に対して積極的で前向きな姿勢を無意識のうちに備えているのです。それが結果的に仕事の成功につながっているわけです。

逆に言えば、早起きができず、朝の支度が遅い人は、どうしても物事に取り組む姿勢が後ろ向きで消極的になります。そのことは職場で働く人たちを観察していればよく分かることです。

★効用の第4は？

第4は、神仏へのお祈りする時間が持て、祈る行為を通して、自分が生かされていることへの感謝の念を抱き、また神仏に対する誓いを行うことができます。

私の場合で言えば、早起きして、まず神仏にお供え物をした後、神仏に向かって感謝の言葉と自己目標達成の誓いを告げることを日課にしています。

よく神仏への祈りを「祈願」と表現する人がいますが、この「祈願」を「祈誓」と言い換えるべきだと私は考えています。なぜなら、「祈願」は神仏に頼むという意味合いがあり、他者依存の姿勢につながると考えるからです。

それに対して「祈誓」は自己宣言であり、自己変革を推進する具体的な行動でもあります。私は神様に向かって、前夜、やるべきことに優先順位つけた上位の項目を口にします。

そうすることで、否が応でも自分を行動に駆り立てることになります。この毎朝の繰り返しの祈誓の習慣は、長い間に大きな結果をもたらします。

最近の都市のサラリーマン家庭には、神棚も仏壇もないのが普通です。したがって毎朝の儀式であるべき神仏に自己宣言をしない人が増えています。このことが、夢を持つ人が少なくなっている原因でもあろうと思うのです。

第３項　毎日の目標設定

★二宮尊徳の積小為大の手法

「人生とは大きな自己目標を小さく割って、それを一つひとつ実現して行くプロセスである」

と私は考えています。これは二宮尊徳の「積小為大《せきしょういだい》」の思想を私なりに表現したものです。

私たち人間は、自己目標の実現のために生きています。このことをしっかり自覚しておかないと、どうしても昨今の自由奔放な生き方をよしとする考え方に影響を受けて、目標のない生き方に自分を陥らせてしまいます。いやむしろ多くの高齢者はすでにその状況下にあると言えるでしょう。

私は「人生１００年」を前提とした人生計画が必要なことを、アメリカのジェロントロジー（老年学・加齢学）を通して知りました。以来、人生を１００年歩む前提で人生計画を設定し、それを小さく割って、一年ごとに計画の実践を積み重ねてきました。

その人生計画の参考に、これまで講演家として活動した大先輩たちはどのぐらいの仕事量をこなしたのかを調べてみました。それによると、講演家としてはもちろん、他の分野でも大活躍した人は、米国テンプル大学の創設者ラッセル・コンウエル（１８４３～１９２５）であると知りました。

★ラッセル・コンウエルに学ぶ

コンウエルは39歳から43年間で６０００回余の有料の講演を、しかも「ダイヤモンドの土地」という同じテーマのものを行い、その上、40冊の著作、数々の詩作、大学の設立と、素晴らしい業績を残しています。

講演だけでもざっと年間１５０回近くをこなしています。有料の講演会を年間にそれだけできるということは、その講演がいかに魅力的であり、感動を誘うものであったかを示すものと言えます。そうでなければ、他の仕事をしながら、そんなに何千回も、しかも同じ講演を長い年月にわたってできるわけがありません。

彼は、講演会の最後には、いつもこう述べたそうです。

私が学んだ教訓で忘れられないものが一つあります。それは「人の偉大さは、ある地位を保つことではなく、個人として非常に大きな目標を掲げ、その達成のために全力を尽くすこと」です。

そこで最後にお伝えしたいのは物事をよく考え、自分に誇りを抱き、仕事に最善を尽くすことが最高の生き方であるということです。

彼は、この言葉通り、自分の選んだ仕事において、非常に大きな目標を設定し、それに向かって最善を尽くした人でした。そのためには、他人が何と言おうと、毎日よく考え、自分に誇りを抱き、日々の仕事に全力を投入し続けたのでした。その結果がとてつもない大きな業績につながったのです。

★コンウエルを超える

筆者は独立するに当たって、このコンウエルのように、40余年にわたって同じ話を何回でもできるような講演家になりたいと思いました。

その願いを実現するために、私は彼の記録を上回る、生涯でできれば1万回の講演を目指していこうと、それこそとてつもなく大きな目標を掲げることにしたのです。

この目標がいかに無茶なものであるかは、実際にスタートしてみてすぐ分かりました。「積極的に生きる」というテーマに絞った話を繰り返し行い、しかも有料で続けることの難しさは、やった人なら分かるはずです。講演者にどんなにやる気があっても、その講演を支えてくれる人々（マーケット）が存在しなければ、どうにもならないからです。

しかし、考え直しました。講演家になるために会社を途中で辞め、独立して人生をスタートした以上は、何かひとつ、この世に自分の足跡を残さなければ辞めた意味がないではないか、それにはコンウエルを目標にして、死に物狂いでやってみるしかないと自分に強く言い聞かせました。

以来毎朝、「目標達成のために最善を尽くします」と神仏に誓いを立てながら、今日まで1回1回、全身全霊で講演に打ち込み、その時にできる最善の話をしてきたつもりです。その必死の思いが天に通じたのでしょうか、世間のご支持をいただき、スタートして25年目にコンウエルの記録を抜き、41年後の今日ではそれをさらに１０００回以上も超える所までできています。とても1万回は無理ですが、彼の記録を超えられたのは、非常に大きな目標を掲げたおかげだと考えています。

第４項　毎日歩くこと

★健康維持

私が84歳まで生きてきて痛感するのは、当たり前の良き習慣を毎日黙々と行っていくことが、幸せな人生を歩んでいく上で最も大切であるということです。「人生で必要なすべてのことは幼稚園の砂場で習った」とよく耳にしますが、確かに幼稚園児でも知っている基本的な生活習慣を、正しく積み重ねることで、私たちはいい人生を送れるようになっているのです。

その大切な習慣のひとつが「歩く」ことです。私は今日まで大きな病気にかかったことがなく、ずっと健康を維持できたのは、小学校以来、毎日の生活の中で、必ず歩く時間を合計で2時間以上は持ち続けてきたことにあります。

小学校から高校まで歩いて登下校しましたが、中学と高校の時は片道1時間余の歩行でした。この通学時の歩行が私の身体を健康体にしてくれたのは間違いないところです。

★歩く時間を創る

しかも歩くことが医学上からも健康にいいとわかってからは、毎日一定の歩く時間を持つように生活を工夫しました。例えば、会社員時代の通勤では地下鉄丸ノ内線の大手町駅で下車すると、すぐ会社の前に出るのですが、ひとつ手前の淡路町駅で下車すれば15分ほど歩くことになります。そこで朝の出勤時刻を15分早めて家を出れば淡路町から歩くことで歩く距離をかせげます。

そのようにできるだけ歩く時間を多くとるようにし、毎日最低でも2時間は歩くように心がけてきました。そのことを70代まで続けました。

80代になってからは、厚労省の国民健康づくり運動の目標値にしたがって毎日7000歩は歩くように努めています。したがって最低1日5000歩から6000歩の散歩は欠かさず実行しています。ただし高齢者にとって冬は寒いので、散歩は朝よりも夕方の時間帯に行うことにしています。

この日課のおかげで、高齢者のなりやすい認知症・脳血管疾患（脳卒中）・転倒骨折の病気には、今のところ無縁の日々を送っています。

★歩く時の正しい姿勢

そこで私が歩行の時に意識している正しい姿勢について述べておきます。あるとき、私の息子が高齢者の姿勢について調べたところ、彼が言うには、私には「首下がり症候群」の傾向が見られるというのです。

確かに、高齢になると無意識のうちに首が前に下がる姿で歩くようになるそうです。そこで息子は私に「次の３つを意識して歩くように」との助言をしてくれたのです。

１つは、顎を引いて前をまっすぐ見ながら歩く。

２つは、胸を張り、腰骨を立てて歩く。

3つは、大股で、しかも足指で大地を蹴るようにして歩く。

この3つを常に意識しながら歩けば、正しい姿勢が保てることになり、首下がり症候群になることを防ぐことができます。しかも人の目に若々しく映る姿を維持できます。

私の会社時代の上司で戦時中は海軍士官だった人がいて、先の3つのポイントが揃った正しい姿勢で歩いていました。その姿が私には格好よく見えましたし、その人の魅力のひとつでした。

★正しい姿勢の効果

正しい姿勢で歩くと、本来、それぞれの人が持っている潜在能力を引き出すことにつながると言われています。確かに無心で歩いてみると、次第に気分が高揚し、「よしやるぞ！」という気持ちになって、何事にも前向きな姿勢で向かうことができるようになります。

そのことからも言えるように、外に出て歩けば、否応なく鋭気が養われ、やるべきことを前向き対処できるようになります。早起きの人は、遅起きの人より1・5倍も仕事の成果が上がると言われていることを考慮すれば、70代までは、できるだけ朝の散歩を心掛け、正しく歩く習慣を身につけながら、いつまでも健康を維持できるようにすべきだと思います。

私の人生は日々の歩く生活習慣を抜きにしては語れません。歩くことで自らの鋭気を養い、常に前向きな心構えを磨き続けてきたのが私のこれまでの生涯です。またそうしたからこそ、84歳になっても大きな目標を掲げながら、日々、小さな目標を一つひとつ積み重ねていく人生を送ることができているのです。

第５項　すぐやる習慣

★永守重信氏から学ぶ

前述のように、京都を代表する経営者の筆頭は稲盛和夫氏であることは誰もが認めるところです。続いて、もう１人を挙げるとすれば、日本電産の創業者永守重信氏ではないでしょうか。

永守氏は１９４４（昭和19）年生まれであり、１９３２年生まれの稲盛氏より12歳若いのですが、今やベンチャー企業から世界的な大企業に大躍進した日本を代表するオーナー経営者であり、かつ稲盛和夫氏と並び称せられる大成功者です。

永守氏は１９７３（昭和48）年、28歳の時に仲間を含めて３人で日本電産を創業しました。それから11年目の年に永守氏が著した『奇跡の人材育成法』（ＰＨＰ文庫）は、今なおロングセラーを続けている本です。私も幾度も読み返し、講演や著作でも紹介してきました。

この本を通して、永守氏が独創的な発想と行動力で、世界一のモーターメーカーにのし上がっていったプロセスを知ることができ、私たちに大きな示唆を与えてくれます。

★即断・即決・即行

日本電産の創業以来の三大精神「情熱、熱意、執念」「知的ハードワーキング」「すぐやる、必ずやる、出来るまでやる」は、今や誰もが知る言葉です。

永守氏はこうも述べています。

「努力の源泉となるエネルギーを生み出し続けるのは、やる気である。そして、やる気を維持し、高めるには、「事に当たっては『必ずやるという信念』『出来るまでやるという執念』『必ずよい結果をもたらすという自信』が大事だ」（『日本電産永守重信が社員に言い続け

た仕事の勝ち方』日経ＢＰ社　２０１７）

私は永守氏の三大精神の言葉が大好きです。氏の指摘する通り、三大精神に徹して事を行えば、必ずやる気が起き、しかも、その気持ちが持続できるのです。

どの業界でも成功していく人の共通項は、即断・即決・即行の行動力です。森信三氏も、「手紙の返事はその場で片づけるが賢明。丁寧に――と考えて遅れるより、むしろ拙速を可とせむ」

と、即時対応を勧めています。拙速でもよしとする考え方は、現代のＩＴ時代にピッタリの言葉です。

★丁寧より拙速

私は永守氏の「すぐやる、必ずやる、出来るまでやる」の言葉を初めて知った時、この精神で何事にも臨むことが、顧客志向の精神を養うことではないかとピンときました。

昨今は、顧客よりも自分を優先する考え方が主流になりつつありますが、この自分優先の考え方を後生大事にしていると、いつの間にか顧客の支持を得られなくなります。

私の名刺には「年中無休・24時間受付」の文言が刷ってあると先述しました。実際にこの言葉通りのサービスを行っていますと、それを誰かが知って私のところに連絡が入ります。

その時、すぐに対応し、できるだけのサービスをしてあげた場合、必ず良い結果が出てきます。そのことに例外はありません。すぐやることがいかに大事か、そのことを私は世間から学びました。そして自分の普段の行為に結びつけ、即時対応を私の決め手にしてきたところ、顧客からの反応も上々でした。

以来、今日まで丁寧主義よりも拙速主義を優先し、多くの人たちから好意的に受け止めてもらえるようになり、仕事の展開に大きな道が開けました。

昨今は手紙や葉書に代わってメールでのやりとりが増えています。メールは返信の機能が使えますので、もらったらすぐ返信し、先方に私の感謝の気持ちと最新情報をお伝えするように心がけています。そうすることによって「田中に連絡すると、なにかひとつは役立つ知らせがおまけについてくる」と喜んでもらえるように工夫しています。

普段は新聞かテレビからしか情報を得ていない方々には、ユーチューブなどSNS上の特殊なネット情報や、私の人的ネットワークで得た耳よりな情報をお伝えしています。最近はその情報を得るためのお便りもあるほどです。

人間関係を保ち続ける上で有効な手段は、相手の求めている情報をタイミングよく提供してあげることだと痛感することが多い昨今です。

第４の法則

「引《ひき》」について

第１項　好感を生み出す基本動作

★メラビアンの法則

人間関係においては、初対面の第一印象（ファースト・インプレッション）の良し悪しが非常に重要です。このことを考えるのに参考になるのが、カリフォルニア大学名誉教授で心理学者のアルバート・メラビアン（１９３９〜）が提唱している「メラビアンの法則」です。

この法則とは、話し手の「話の内容」と「話し方」と「態度」に矛盾がある場合、聴き手はどのように受け取るかを調べた結果、次のようなことがわかったのです。

聞き手が相手の話の矛盾を見抜く際には、目で見る視覚情報で55％、耳で聞く聴覚情報で38％、話す言語情報で７％という割合で判断するそうです。これを「７・38・55ルール」と呼ぶ場合もあるようです。

いずれにしろ、話し手の振り（動作・表情・姿勢）と話し方の良し悪しが聞き手の判断の93％（38％＋55％）を左右するというのですから、話す内容よりも先に、振りと話し方を磨くことが対話においては重要なのです。

私はこの重要性をデール・カーネギー教室で学びました。相手に好感をもたれるには、まず明るい表情で、積極的な話し方と聞き方を身につけることです。

要は、前向きで明るい印象を与えることがいかに大切かを伝えるには次のことを実行すべきなのです。

①第一印象の決め手は笑顔だから、毎朝、鏡に向かって笑顔の訓練をする。
②挨拶も話も、大きな声で、かつ明るくする。
③「話し三分に聞き七分」のように、相手の話を真剣に聞くことを重視する。
④ジェスチャーも手話の技法のように話す内容を表現する。
⑤肯定語を多用し、明るい話をする。

私の講演のリピート率が高いのは、以上のような振りと言葉を私自身も講演をする際に活用し、講演が好感を以って受け止めてもらえているからだと思います。

★いつの間にか講演テープが・・・・

私の講演はよく録音され、それがさらにコピーされて、人から人へと伝わっていき、全国の隅々にまで行きわたっているようです。私が初めて招かれる市や町の講演会の参加者の中には、すでにテープで聞いたことがあるという人が意外に多いのです。これも「引」の一つの現象と言えるでしょう。

実は講演を許可なく録音したり動画を録画することは、講演者の著作権侵害になり、法律違反になります。しかし最近は主催者にも講演者にも分からないように録音や録画を隠し撮りできる機種が登場して、事前の了承もなく無断で行っている人が増えています。

こうした著作権侵害の行為は困ったことですが、録音・録画をする人は悪気があってするのではなく、自分や他人の勉強のために行っているのでしょうし、特に秘密裏に行っている場合は、黙認せざるを得ないのが現状です。

しかしそのことを別にすれば、私の録音テープが知らぬ間に人から人へと伝わって聞かれている現実は、私の講演に価値があることを示すものであろうと受け止めています。

★しつけ教育

私は講演で必ず「一引《ひき》、二運《うん》、三力《ちから》」と言います。人生を左右する三大要因を優先順位で表したものです。

「引」とは他人様から注文や紹介をいただくことです。この「引」がその後に続く「運」と「力」を引き出す機関車の役割を担っています。つまり人様とのご縁を大切にし、ご縁をいただいたご恩に感謝し、ご恩に報いる努力を続けていると、また次なるご縁につながっていくということになるのです。

ところがこの「引」の重要性を知らない人が増えてきています。人様とのご縁を大切にする習慣である「しつけ」教育が、家庭でも学校でも励行されなくなったからです。

「しつけ」とは人様から好感をいただく基本行為であり、これを徹底的に教え身につけさせることで、「引」が得られるようになるのです。

そして「しつけ」として身につけるべき第一は「挨拶・返事・後始末」です。この基本をきちんと身につけ、毎日の生活を行っている人は、どこでも周りの人から好感をもって接してもらえるのです。

第２項　好感をもたれる雰囲気づくり

★陽転思考

前項で、人様が好感を持ってもらえる対応について述べましたが、そうした具体的な方法と同時に、

「この人とは今後も付きあっていきたい人だ」

と感じさせる雰囲気を醸し出すことが必要です。

そのための要件とは、普段から考え方が陽転思考（プラス思考）であることです。自分にとって都合の良くない物事に対しても、それを明るく考え直して受け止める考え方のことです。英語ではポジティブ・シンキング（positive thinking）と言いますが、要は、何事に対しても楽観的に受け止め、前向きに考えることです。

この陽転思考は、相手に好感を与え、あわせて場の雰囲気を明るくします。

世の中には、何と悲観論者が多いことでしょう。物事には元々良いも悪いもなく、受け止め方次第で良し悪しが決まるのですが、その点、悪く考える人が実に多いのです。

したがって、目の前に現れたせっかくのチャンスをつかむことをしないで、無為に過ごす人が世の中に満ち満ちています。そしてそういう人ほど相手の批判ばかり口にしています。

こういう人は、自分に不利になると思われることには決して手を出しません。人から何か新しいことを頼まれて、それを快く引き受ける人は少なく、それが未知なことであるとなれば、断る側に回る人が大半です。

前述したように、新しいことに挑戦する人は全体の約20％しかいないのが世の傾向なのです。ですからその20％の人が成功のチャンスをつかんでいくのです。

★「引《ひき》」は思わぬところから！

私は、世間で言う馬鹿正直なところがあり、人から頼まれると断ることが苦手なたちです。そのために当面は自分にとって不利なこともたびたび引き受けてきました。しかし今考えてみると、そのことが後の人生で有利に働いていることが多いものです。

中学・高校時代に生徒会長の役割を引き受けたことも、前社時代に労働組合の役員に幾度もさせられたことも、今になってみると、どれもいい経験になり、それが後日のチャンスにつながっています。

私が口癖にしている「無駄な経験など一つもない」は本当のことです。ですから、目の前のことで人様の役に立つことなら、頼まれたらやってみることです。それを重ねていると、そこから思わぬ「引」に出会うものです。

独立当初、私の話力を指導してくださった話力研究所所長の永崎一則氏（１９２６～）の紹介で、各地の公民館の話力講座を担当しました。それは夜の講座で、地域住民の皆さんが集まる勉強会でした。時には埼玉や千葉の遠隔地の公民館で行われる場合もありました。そこには３～５人の少ない人数しか集まっていない時もありました。

★背後35人の法則

私はその際、ギネスブックに世界一のセールスマンとして登録されているジョー・ジラード（１９２８～）が提唱した「ジラードの２５０の法則」を思い出していました。この法則は「どんな人にも、その人の背後には２５０人の人脈がつらなっている」ことを意味しています。

ジョー・ジラード＝シボレー社のディーラーとして15年間で1万３００１台を売った「世界のナンバーワンセールスマン」としてギネスブックに記録に取り上げられた伝説のセールスマン。

これはアメリカ人の場合ですが、日本人の場合は背後35人であると私は言ってきました。たとえば、日本の結婚披露宴の出席者は平均70人と言われています。これは新郎新婦の背後には、それぞれ35人の親戚縁者・友人知人の人脈があると解釈できます。

その解釈でいけば、夜の勉強会に集まった、ひとりの人の背後には35人がいることになります。私は、独立当初、少ない会合に招かれた時は、いつもそのように考え直して、たとえ３人の時も、それを35倍して１０５人と受け止めて精一杯、心を込めて熱誠講演に努めました。

その努力を重ねていると、確かに背後の法則が働いて、知らない方々からの「引」で、私を招待してくださるケースが増えていきました。

私にはこの体験がありますから「世間は温かい」と思えるようになり、どんな少ない人数の講演会でも手を抜くことなく、その時にできる最高の講演を心掛けてきました。そのお陰で41年間も現役を張ることができているのです。

あらゆることに陽転思考で臨み、そこからプラスの意味をくみ取ることができれば、私たちは明るく生きていけるのです。そして好運に恵まれることにもなるのです。陽転思考の人は「私は運がいい」という言葉を多用します。私たちも、その言葉を常に口にしながら、明るく生きていきたいものです。

第３項　まめな行動が呼ぶもの

★３まめ主義

私が独立以来ずっと唱え続け、また自分でも実行するように心がけていることがあります。それは「３まめ主義」という３つのまめな行為です。１つは「手まめ」(便りまめ)、２つは「口まめ」(電話まめ)、３つは「足まめ」(訪問まめ) です。

この３つのどれかひとつでも、まめな行為で相手のために動く人は、次第に周りから引き立てられていきます。その事例は、どの会社の営業部門でも見られるスピーディな顧客対応をしている人の行為に見られます。

30年ほど前になりますが、私が某大手百貨店外商部の営業マン研修を担当した時のことです。外商部でナンバーワンの営業マンＴ氏が私の提言に共感してくれたのです。その時の私の話とは、

「営業マンは自己犠牲の精神を欠かさないこと。お客様に対して、年中無休・24時間サービス精神で対応していると、その人はお客様から好かれることになるし、結果的に仕事はうまくいく」

という趣旨のものでした。

Ｔ氏は私の話を聴いて、自分が秘かにやっていたことは間違いではなかったと感じたそうです。当時はまだ携帯電話のない時代でしたが、Ｔ氏は受け持ちの顧客には自宅電話番号を伝え、「いつ何時でもご用命ください」と言い、実際にそのような仕事振りだったのです。大手百貨店の優良顧客ほど急な注文をする人がいるようで、時には深夜の注文に応じるために問屋さんを叩き起こす場合もあるとのことでした。

★関西商人とは

働き方改革で労働基準法を守ることが先行する現在のサラリーマンの間では、このＴ氏のような働き方はご法度ですから、いまさら紹介しても意味のないことかもしれません。しかし優良顧客は概ね事業主である場合が多いため、事業主は労働基準法が適用されないので、時間に関係なく突然の注文にも対応していく姿勢が身についています。

そのために、逆に自分が相手に何かを依頼する時は、相手に即時対応を求めるのです。そのことを考えながら、Ｔ氏が顧客第一の精神の持ち主であったことだけは理解したいものです。

ところで、関西に行くと東京では耳にしない言葉に接することがよくあります。たとえば、

「商人とは他人が遊んでいる暇も稼ぐ人を言う」

と言います。この商人とは自営業で生きる人の代表と考えれば、この言葉は今でも通用します。

サラリーマンを卒業して、定年後か途中から事業主や小企業に転じる場合は、この商人

の定義が当てはまるような生き方が求められます。

他人が遊んでいる間でも自分の専門の仕事に打ち込むぐらいでないと、事業はうまくいきません。

★趣味は仕事！

かつてアメリカの成功した女性経営者を歴訪したテレビ番組が放映されたことがありましたが、その時に全ての女性経営者が「趣味は仕事」と答えていたのが印象的でした。

仕事が趣味と言える人、すなわち労働基準法など関係なく仕事一筋に働く人間が成功していくのは、古今東西どこも同じだなと強く感じました。

それは当然のことなのです。

自分の仕事に打ち込むことは、別な言葉で言い換えれば、仕事に関係している人や顧客とのコミュニケーションを上手に保つことでもあります。つまり顧客・取引先・従業員・家族といった自分の周りの人々に対するまめまめしい行為があってこそ、仕事はうまくいくのですから、３まめの実行が仕事の中で求められるのは当然なわけです。

その３まめを重ねていくうちに仕事が趣味になっていくというものです。私は仕事柄、数多くの事業主の方々と交流がありますが、総じて事業主の方々のほうがサラリーマンよりもまめですし、人に対しても親切ですし、感謝の念も強いものがあります。

　例えば、拙著刊行後、その新刊をお世話になった方々に寄贈しますと、事業主の方々からの礼状の比率が圧倒的に高いのです。それだけ事業主の方々は相手の立場になって考えることができるのです。本を書いた私の苦労をねぎらう気持ちがそこに感じられます。

　サラリーマンから事業主に転身して成功した人も、やはりまめなタイプの人がほとんどです。事業は人間関係で成り立っていますから、お互いがご縁を大切にして、「引」の力を保ち続けてこそ事業の発展はあるのです。

　まめに徹することは、事業存続上の当然の行為と理解したいものです。

第４項　ライバルとの差のつけ方

★生業《なりわい》のメリット

自営業のように自分の専門の仕事に就く家業を「生業（なりわい）」と言いますが、私はその生業に励む一人です。

生業のメリットは次の４つです。

①好きな仕事ができること。

②自分のアイディアをすぐ活かせること。

③収入は原則として成功報酬（フルコミッション）であること。

④定年がないこと。

この４つのメリットに魅せられて、サラリーマンを辞め、自宅で生業に就く人が今でも存在します。しかし若い人ほど生業で生きる生き方を選ぼうとはしないために、後継者不足で店をたたむケースが増えています。

今の若い世代は、むしろ生業で生きる人を軽視する傾向があり、大企業への就職を目指すのです。その証拠に、私のように大企業を辞めて自営の人生を選んだ人間に対して、若い世代の人たちの多くは関心を寄せません。

ところがアメリカの大学生はその逆で、大企業に就職することよりも、あえてベンチャー企業を立ち上げ、自宅の片隅を使ってでも、まず生業としてスタートすることに憧れを抱いています。

★ステップダウンの生き方

アメリカでは、大企業の社員になって次第に立身出世をたどることを「ステップアップ」の生き方と言い、片や大企業での地位を捨てて、生業に就くことを「ステップダウン」の生き方と称しています。

このステップダウンの生き方をしている私は、その良さを体で感じていますが、その経験のない多くのサラリーマンは、自分の創意工夫で小規模で営むことのできる自営の生業の良さをどうしても理解できないでいるようです。

ステップアップの生き方には、売り上げを年々増やしていき企業の規模を大きくしていく量的拡大を評価することが前提となります。それに対して、より良いものを求めてステップダウンして小規模でやっていく生き方を、マイナス評価をする考え方が今の日本人に横たわっていると私は感じています。

ですからステップダウンして量よりも質を重視して成功した事例を高く評価する人をあまり見受けませんし、それに関する情報もあまり流通していません。

★売買終了時から始まる商売

私は生業を営むひとりとして、生業の世界を前社時代からずっと見てきて、気づいたことがあります。それは生業存続の決め手は何かということです。

生業は大組織の企業と違って、事業規模の拡大よりも事業存続のほうにウエイトをかけています。事業を支える基盤である顧客層をいかに育成し保持していくかに経営の重点があります。したがって生業は顧客からの信頼を失ったら、たちまち倒産の憂き目に会うのです。

顧客との信頼を維持するには、アフターサービスが欠かせません。

「商売でのお付き合いは売買が終了した時点から始まる」

と言います。まさしくその通りですし、実際に長続きしているところは、アフターサービスに日々懸命に取り組んでいます。

★「お寺」ビジネス

日本で最も古い生業は「寺院」つまりお寺です。6世紀の半ばに「仏教」が日本に伝来して以来、仏教は次第に全国に広まりました。その仏教の普及に最も力を発揮したのはお寺です。どのお寺も仏教徒である檀家を持ち、その檀家に対する仏教上の行事を毎年怠りなく行っています。

檀家の誰かが亡くなれば、お寺は葬儀を執り行い、その後の初7日から49日目までの忌日法要、その後は1周忌から弔い上げの33回忌または50回忌までの年季法要を営むことになります。

その間、お寺は檀家との濃密なお付き合いが続きます。この30年から50年にわたる法要の行事はお寺の檀家に対するフォローアップです。この永年にわたるフォローアップが、檀家の維持に大きな役割を果たしているのです。

★顧客リスト、命！

同様に先祖伝来の生業を継承している100年以上も続いている老舗は、やはり顧客へのフォローアップに心を込めています。こうして生業を続けているところは顧客台帳に対する価値観が強いものです。

私もまた「We live on the lists」の言葉を紹介し、顧客リストの重要性を強調してきました。この言葉は「商売はお客様のご支持で成り立っている」の意味であり、その実例が、350年も続く富山の売薬業の懸場帳（顧客台帳）の存在です。

第5項 優良顧客の創造

★ドラッカーの言葉

アメリカの経営学の巨匠ピーター・ドラッカー（1909～2005）は、

「企業の目的は顧客の創造である」

という有名な言葉を残していますが、この顧客創造のことを create a customer と単数形で表現しています。これは市場の顧客の一人ひとりとのご縁を大切にせよという彼の思想の表れでもあると思います。

企業の目的を「顧客創造」と明確に指摘した彼の著書『現代の経営』（上巻・ダイヤモンド社　１９６５）では、

「顧客は事業の土台であり、事業の存在を支えるのである。顧客のみが雇用を保証する。換言すれば、顧客の諸要求を充足するために、社会は企業に対して、資源の活用を期待し、それを委託するのである」

と説明しています。

私はその本を、日経時代の昭和41（１９６６）年に初めて読んで、この「顧客の創造」という言葉に接し、ある種のひらめきを感じました。それまでは「企業の目的は利潤の追求である」と考えていた私は、この言葉に接して、事業経営の根幹に触れた思いで、真の販売の本質に目覚めました。

★商売成功の条件

ドラッカーの言葉を知って3年後に、私は日経マグロウヒル社に出向しました。そして、アメリカから送られてきた販売マニュアルに「We live on the lists」の言葉を見つけました。まさに、顧客に支えられてこその私たちの存在がある、という顧客本位の考え方が示されていると悟りました。

しかも当時のアメリカマグロウヒル社は、優良な顧客を得るために、申込書の記載が同社の設定する読者資格に該当しているかどうかを事前に調べ、適合していない時は購読をお断りするシステムを採っていましたが、そのシステムを私たちも採用しました。一部の人は反対しましたが、私は良い読者を得るには、その程度のことはやむをえないだろうと前向きに受け止め、マグロウヒル社と同じようにすることを決めたのです。

そこで有資格者であるかどうかを判断するものとして、購読申込書に職場での地位を明示する名刺を貼ってもらうことにしました。

この方法は関係者の間で話題を呼びました。中には、「雑誌発行者が自分の都合で購読者の資格を審査し、場合によっては購読申し込みを断るとは言語道断、そのやり方は独禁法違反ではないか」と公正取引委員会に問い合わせる人も出てきました。

幸いに雑誌の場合は新聞と違って、独占禁止法で発行者に断る権利が認められていましたから、購読申込みに関するクレームはありませんでした。

こうした一連の現場での体験を通して、申込者の資格を確かめ、より良質な購読者層を確保することが「商売は良いお客様の数で決まる」という事業の鉄則につながることを改めて確認したのです。

★顧客創造の手法

また、優良な顧客に恵まれるためには、売り手側の人物も問われることになることから、人間としてしっかりとした生き方をしなければならないこと、「徳は孤ならず必ず隣あり」（＝徳のある人は孤立することなく必ず良き協力者に恵まれる）の言葉は、この売り手と買い手の間でも当てはまるとの思いを持つこともできました。

この売り手と買い手の関係についての思いは、独立に際しての私と講演依頼者の間でも成り立つことです。そこで良い聴き手に恵まれるには、私が徳のある人間として活動することが一番大切であるとの思いで、そのように生きることを心掛けてきたつもりです。

そのためには、講演依頼者とのやりとりでは、できるだけ手まめ（筆まめ）を駆使して講演前の準備段階と講演後のフォローアップの段階で、先方様のご期待に添えるように全身全霊で講演に臨む決意を表明し、講演後は、講演担当の責任者に、お世話になったご厚意に深く感謝の意を表す便りをいち早く届けることに努めました。

特に講演後は帰宅してからすぐにお礼のメールを送るように自分に義務付け、そのことを実行していったところ、主催者の皆様から私の誠意を認めてもらうことにつながりました。

講演者の中には、そうしたフォローアップを全くしない方もいるらしく、その意味では他の講師との差別化を図ることもできました。そして何よりも依頼者との信頼関係を深めることに役立ちました。

第5の法則　家庭について

第１項　家庭と親の役割

★親は習慣の教師

自分の徳を磨く基地は家庭であり、そのためには家庭の習慣を良くすることが先決です。そう考えた私は、まず親の自分が良き習慣の実行者であるべきだと考えました。

「一家は習慣の学校であり、父母は習慣の教師なり。この習慣の学校は教授の学校より更に有力にして、実効を奏すること極めて切実なるものなり」（『福澤諭吉家族論集』岩波文庫）と、説いたのは福沢諭吉です。この指摘は時代を超えて永遠に正しいことです。ところが最近は、習慣の教育を含めて、すべての教育は学校の責任と考え、そう主張する親たちが増えています。

しかしそれは大変な間違いです。親は習慣の教師であると同時に、子供の教育の最終責任者でもあるのです。親が自分の責任を棚に上げて、学校側に責任を求めるのは筋違いというものです。

このことをわきまえている親は、子供が良い生活習慣を身につけることに真剣に取り組んでいます。私も2児の親として妻と共に、それなりに子供の教育には努力を重ねてきたつもりです。

その際に心掛けてきたのは、親がどのような生活習慣を身につけているのかを子供たちに見せること、すなわち親が良き習慣を守る姿が子供の教育に最も大切なことであると自覚して生活することでした。そのために夫婦としてどうすべきかを話し合い、関連の専門書や友人知人にも相談しました。

その結果、次のような習慣を親と子がそれぞれ守ることにしたことで、子供たちは問題児になることなく、順調に育ってくれました。
①夫婦はお互いに、そして子供たちに毎日元気な声で挨拶を交わすこと。
②子供の前では夫は妻を「お母さん」と、妻は夫を「お父さん」と呼び、「パパ」「ママ」の呼称は使わないこと。
③家族全員が早寝・早起きを励行すること。
④毎日、時間を作って本を読む（または親が読んで聴かせる）こと。

★吉野俊彦氏に共感

私の長女は１９６３（昭和38）年11月の生まれですが、その長女が誕生する前に、当時の日本経済新聞の婦人家庭欄に「わが家の教育基本法」として、財界人・教育者・文化人など各界の80余氏の寄稿が連載されました。

さらにはそれが本となり日経出版局から発刊されたので、私と妻はこの本を読み、諸先輩がどのような家庭教育をしたのか改めて確認し、それを基に生まれてくる子供の教育に対する備えを語り合いました。

私が最も共感したのは、日本銀行の理事を経て、後に山一證券経済研究所理事長となり、さらに経済評論家としても、森鷗外研究家としても知られた吉野俊彦氏（１９１５～２００５）の家庭教育論でした。

氏はこう述べていました。

「私が絶えず家内に望んでいることは、広く浅くという『話の泉』式の人間をつくらないようにしてもらいたい、ということである。人間には、歴史がきらいな型もあれば、数学がきらいな型もあるのであって、このような個性を抑圧して、なんでも一通りできるという平凡な人間をつくるよりも、むしろ個性をできるだけ生かして、なんでもいいからその道をきわめるという特色のある人間に仕立てることが、大切だというのが私の信念である」

★2人の子供の今

万能型よりも個性型をと提言された吉野氏の考え方に私も妻も魅かれ、私たちの子供の教育においても、そうありたいと考えました。

長女は音楽の才能があると妻は気づき、幼稚園の先生も激賞してくださったことから、娘を音楽の道を歩ませることにし、中学校から音楽大学の附属に通わせました。中学・高校・大学と一貫してリコーダーを専門として学び、卒業後はオランダの音楽院に7年間留学、演奏家ディプロマと教授ディプロマを取得、現在はイタリアに在住し、ヨーロッパと日本でリコーダー奏者として、また教育者として活動しています。

長男は中高一貫の私立男子校から大学法学部さらに大学院の博士課程を経て、ドイツの大学に2年半留学し、その後、大学の教授となり、また毎年ドイツに渡り客員教授としても活動しています。

こうして2人の子供が個性を活かし専門の道を歩んでいる姿は、良い習慣を実行し、良い家庭を作ることに腐心した私共夫婦の念（おもい）が実った結果であろうと思っています。

第２項　良妻賢母

★妻との出会い

家庭の良し悪しは、その方の奥さんを観察すれば分かります。奥さんがよくできた人で、しかもご主人を常に立てることのできる人であれば、その家庭は夫婦の仲もよく、子供たちも素直に育っており、いいところが多いものです。

新聞社時代、数多くの新聞販売店の店主夫妻と接してきた私の経験からも、奥さんを見ればその店の状況がほぼ読み取れます。

この経験は、妻の人となりを知る場合に活きました。26歳の時に私は結婚しましたが、その２年前、学生時代に家庭教師をしていたお宅の親戚の娘さんに頼まれて、ある資料を作ってあげたことがありました。

彼女は郷里の関西を離れて、１年間、東京での研修に来ていた人で、その研修のための資料でした。研修が終わり、彼女は郷里に戻り、お付き合いはそれで終わるところでしたが、私は彼女が忘れられず、その後も手紙のやりとりを続けていました。

私の大学時代の友人が就職して京都に赴任したことから、彼を訪ねて京都に出かけ、帰りに彼女に会いに行きました。その時、彼女は実家の母親に私を紹介してくれました。彼女の母親に親しく接し、この母親の子である彼女は間違いなく良い妻・良い母親になるに違いないと思いました。母親は良妻賢母の見本のような方だったからです。

母親は夫を10年ほど前に亡くし、実家の商売をしっかり経営しながら、母一人娘一人の家庭を守っていたのです。

決して出しゃばらず、常に相手を立てながら明るく振る舞う女性らしい母親のおもてなしは、私にとって理想的な女性のタイプでした。

私はこの母親の様子から、彼女が家庭を切り盛りする姿を連想し、彼女を妻にしたいと強く望みました。

★義母との同居

それから1年間、文通を重ねて、結婚に至りました。彼女は期待にたがわず良妻として私を支えてくれました。日本経済新聞社入社4年目の私の給与はまだ安く、２人が食べていくのがやっとの状況でしたが、愚痴を一切こぼさず貧乏生活に耐えてくれました。

そんな状況下でも生まれた長女の教育には、乏しい家計をやりくりしながら、人並みの教育をしてくれました。そのおかげで娘の音楽の才能に気づき、その才能を育てる早期教育を施すことができました。

4年後に息子が生まれた時に、妻の母（義母）を我が家に招き、一緒に生活することにしました。そうすれば、義母と2人の孫との関係がうまくいき、義母が孫の世話をしている間に妻は外で働けると考えたからです。

この計画もうまくいきました。2人の子供はいわゆる「おばあちゃん子」になり、義母になついてくれました。義母も孫の成長を生き甲斐にしながら、我が家の守り神になってくれ、妻も安心して外での仕事に従事できました。

妻の収入のおかげで、２人の子供を中学から私立の中高大一貫教育の学校に行かせることができましたし、大学卒業後も２人ともヨーロッパでの留学生活を実現させることができました。

★義母が事務仕事

さらにありがたかったのは、私が独立した際に、妻も義母も懸命になって私を支えてくれたことです。独立後の事務所を自宅にしたことで、義母は事務所の仕事も手伝ってくれ、講演依頼電話の受付を始め、事務的な仕事を完璧にこなしてくれました。

私の仕事に見通しがつくまでの不安な時期の５年間、義母は私を励まし続けてくれました。毎日の電話を通して、私の先方での仕事の様子を感じ取っていたことから、

「真澄さんは講演家として十分やっていけます。安心して自分の今の道を歩んでください」

と前向きな言葉をいつも発してくれました。

★妻と義母の支え

おかげで、良妻賢母型の義母と妻に囲まれた私は、思う存分、仕事にのめり込めました。２人が「銃後の守り」をしっかり務めてくれたお陰です。

我が家は形の上では、戦前に見られた家父長制度の家庭です。私が家長として君臨し、家族がそれに従うというスタイルです。しかし実際は、私が家族全員の応援を受けているからこそ、父親としての存在を維持できているにすぎません。それが正直な我が家の実態です。

つまり父親の権威は私にあるものの、我が家の実際の経営権は妻の手の内にあります。またそれが日本の平均的な家庭の姿ではないかと思います。

第３項　未就学期の子供の教育

★三つ子の魂百まで

子供の誕生から小学校に入学するまでの期間を「未就学期」と称しますが、実は、この時期の子供の教育が、最も大切であると認識している親たちがどれほどいるでしょうか。

「三つ子の魂百まで」の諺は、幼い時に習得した性格や性質は成人して１００歳になっても変わらない、つまり「本性」は変えられないという意味です。そのことから、誕生して3歳時までの間に、良い性格を作る習慣を身につけておくことが、生涯を生き抜く上で非常に重要であると解釈できます。

したがって、両親は生まれた子供の性格形成に、良い影響を与える習慣を身につけさせるため、少なくとも誕生後の3年間は、子供に対する良き習慣の教師として、子供に接する必要があるということになります。

特に母親は、子供第一主義で過ごすことが求められます。しかし最近の日本の家庭では共働きが当たり前になり、親が子供の教育に関与する時間が少なくなってきています。この問題を解決するにはどうしたらいいのでしょうか。

★モンテッソーリ教育法

私はその解決法の一つとして、モッテソーリ教育を子育てに導入することを掲げたいと思います。モンテッソーリ教育が注目を浴びたのは、将棋の天才と言われている藤井聡太7段が、幼児期にこの教育を受けたことがマスコミで報じられたことにあります。

モンテッソーリ教育とは、ローマ大学初の女性医学博士マリア・モンテッソーリ

（１８７０〜１９５２）が１９０９（明治42）年に開発した幼児教育法のことです。開発されてから１００年経った今でも、世界中で支持されており、現在では日本を含めて世界の１４０か国以上の国で、その教育法が実践されています。

モンテッソーリ教育は、教師（大人）の価値観で一方的に教え込もうとするのではなく、子供の興味や発達段階を正しく理解し、子供が触ってみたい、やってみたいと思う環境を用意し、子供の自発的な活動を繰り返し促すことで、自分を育てる自己教育力を引き出すという「自立していて、有能で、責任感と他人への思いやりがあり、生涯学び続ける姿勢を持った人間」を育てることを目的にしています。

★個性を無視した教育

現在の日本の教育は、このモンテッソーリの目的とは真逆の教育がなされています。すなわち、受験戦争で勝ち抜くための主要5教科（英語・数学・国語・理科・社会）の成績の良い者、偏差値の高い者、有名大学へ進学できる者が能力的に評価される教育が、未だにまかり通っているのです。そこには普段の学校の成績以外の子供たちの徳性や個性や長所を評価する価値観が重視されていません。

そもそもどんな人間にも素晴らしい潜在能力が潜んでいます。その能力を生涯にわたって磨き続け、一人ひとりがオンリーワンの存在価値を確立し、その価値を十分に発揮していくのが、本来の望ましい人間の生きる姿です。

★特許件数激減が意味すること

ところがこの30年、日本では、そうした個々人の潜在能力を引き出し、それを磨くことを重視する教育がなされなくなりました。その結果、官公庁や大企業に就職できた人物は、日本独特の終身雇用・年功序列の制度の影響を強く受け、上司の意向を忖度し、周りの人々との調和を図ることに神経を使い過ぎ、独自の創造性を発揮する能力が育たなくなってきています。

その証拠に、諸外国に比べて起業件数は停滞していますし、日本における特許件数は年々低下しています。１９８０年代までの日本は世界一の特許件数を誇ったものですが、今やそれは昔話になりました。

創造性の豊かな人物が大勢いてこそ、組織は活性化し、たとえ国難が到来してもそれを乗り越える施策が次々と出てくるものなのです。しかし、２０１９年末に起きた中国・武漢からのコロナウイルスが我が国にも伝わった際に、我が国がとった対応策で見られるように、思い切った早期の対策を打たず、後手後手に終始しました。

この遅れた日本の対応に、諸外国から「日本は危機意識に欠ける」との批判を浴びました。この日本の実態は、大組織に所属する人ほど、それは日本人の置かれている職場環境が大きな原因であることを知っているはずです。

第４項　夫婦協業

★45歳以上の運命

パソコン上で「45歳以上はリストラの対象」で検索してみると、関連の情報がたくさん出てきます。それだけ今の日本では、45歳以上のサラリーマンはいつリストラされても不思議ではなくなっているのです。これは日本のサラリーマンの生活を支えてきた終身雇用・年功序列の人事制度が、風前の灯の状態になってきたことを意味しています。

リストラされたサラリーマンは、他の会社に転職するか、独立して自営の人生を歩むか、そのどれかの道を歩まざるを得なくなります。その場合、殆どの人は給与が下がることを承知の上で、他企業に再就職する道を選びます。

なぜならば、独立しようにも自信がないか、あるいは本人は思い切って自営の道を選択しようとしても、家族や周囲の人々の猛反対でやむなく断念することになるからです。

私が独立した時、同世代の人の幾人かは「私も辞めて独立したい」と私に相談を持ちかけてきました。しかし結果的には、だれもそうしませんでした。それほど当時はサラリーマンが途中で独立することは異例中の異例の出来事だったのです。そのことは今も本質的には変わっていません。日本では大きな組織の下では、独立するのが難しいのです。

★夫婦協業がカッコいい！

日本人の大半は、学校を卒業したら毎月の給与をきちんと支払ってくれる会社か団体に採用してもらい、そこで定年まで真面目に勤めることが最も望ましい人生であると無意識のうちに思い込んでおり、その意識構造は今も変わりがないことを、これまで度々指摘してきました。

ところが私のように、脱サラを実際に経験して独立独歩の人生を41年も歩んできた人間から言わせてもらえば、大組織に依存するだけの生き方は、今後の時代には通用しない時代遅れの考え方になってきたと言えるのです。21世紀の今の時代は、自分の責任で自分の得手を活かし、世のため人のために存分に働くことこそが、最も素晴らしい生き方となってきています。

私はそのことを繰り返し世の中の人々に、講演を通して訴えてきました。私の講演を聴いたのがきっかけとなって、サラリーマンから自営業に転身した人の多くが、独立して本当によかったと語っています。特に自宅を事務所にして、夫婦で協力し合って事業を立ち上げて成功した人ほど、夫婦で同じ仕事に従事することがいかに素晴らしいことかを語ってくれます。

★ネイスビッツの予測

そういう夫婦協業で頑張り抜いた夫婦は、事業が順調に推移し10年を経過した後は、多くの場合、創業10周年記念の式典を催します。その時には式典に私を招き、記念講演の機会を設けてくださるご夫婦がおいでです。

その際、ご夫婦で協力し合って築かれた10年の事業の歴史を参列者の皆様の前で語られる社長のご挨拶には、感動させられます。そして夫婦が一致団結して事業を営む力は最強であるとの感慨を抱かされます。

１９８３（昭和58年）、アメリカの未来学者ジョン・ネイスビッツ氏（１９２９～）が『メガトレンド』（三笠書房）刊行を記念して、夫妻で来日した際、同書を翻訳した竹村健一氏（１９３０～２０１９）とテレビ番組で対談しました。その対談の中でネイスビッツ氏は、「21世紀は夫婦で同じ仕事をすることが、もっとも幸せな家庭生活の形態になる」と語ったのです。私はその発言を今も鮮明に記憶しています。

今や、その21世紀の時代になって、ネイスビッツの予言は現実のものになりつつあります。日本でも夫婦が自宅で事業を立ち上げるケースが全国的に増えてきています。またそれらの実際のケースを、書籍やネット情報で数多く見ることができます。

その多くはパソコンや携帯電話を活用してのネットワーク・ビジネスで、初期投資も少なく、しかも日本のどこにいても参入しやすいことから、地方再生の一環として自治体が積極的に支援するケースもあります。

日本では他の先進諸国と比べて、起業件数が少ない国として知られてきましたが、やっところへきて先進諸国の仲間入りを果たす状況が出てきています。その際に、夫を助け、夫を励ましながら夫婦で起業を成功させていくのは、妻の役割です。そういう新しい夫婦像を創り出していく家庭が、これから徐々に増えていく時代になることでしょう。

第５項　夫婦で健康体操

★フレイル

このところ高齢者の集いでよく耳にする言葉に「フレイル」があります。この言葉は、高齢者が健常な状態から要介護状態になる中間的なプロセスの段階を指します。もともと「フレイル」とは、海外の老年医学の分野で使われている「FRAILTY」（虚弱・老衰の意）が語源になっています。

２０１４（平成26）年、日本老年医学会は、高齢者のフレイルは早目に適切な介入（予防・治療）を行えば、元の健常な状態に戻る可能性があることから、要介護の前段階を「フレ

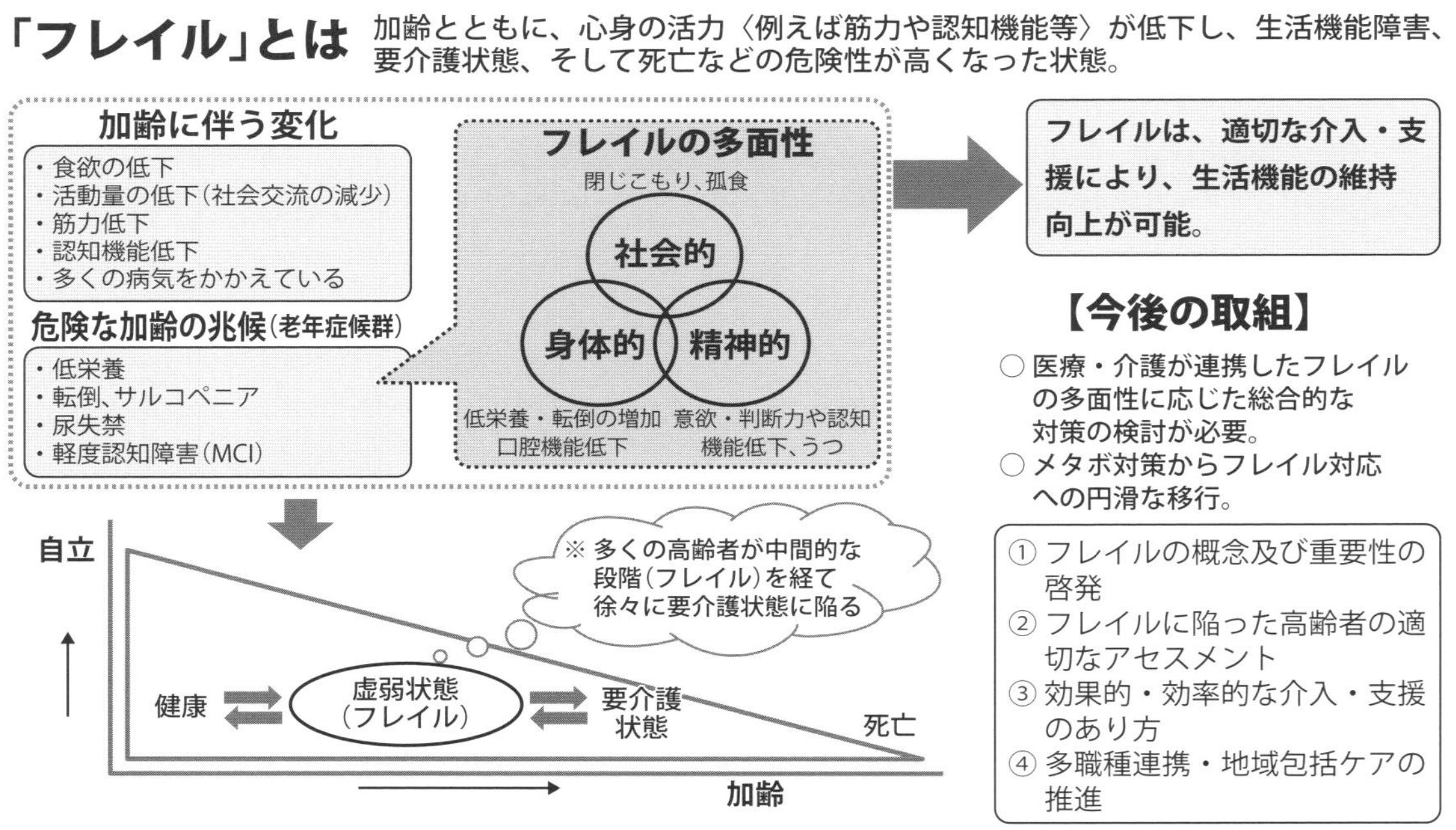
「フレイル」とは
加齢とともに、心身の活力〈例えば筋力や認知機能等〉が低下し、生活機能障害、要介護状態、そして死亡などの危険性が高くなった状態。
加齢に伴う変化
・食欲の低下
・活動量の低下(社会交流の減少)
・筋力低下
・認知機能低下
・多くの病気をかかえている
危険な加齢の兆候(老年症候群)
・低栄養
・転倒、サルコペニア
・尿失禁
・軽度認知障害(MCI)
フレイルの多面性
閉じこもり、孤食
社会的
身体的
精神的
低栄養・転倒の増加
口腔機能低下
意欲・判断力や認知機能低下、うつ
フレイルは、適切な介入・支援により、生活機能の維持向上が可能。
【今後の取組】
○ 医療・介護が連携したフレイルの多面性に応じた総合的な対策の検討が必要。
○ メタボ対策からフレイル対応への円滑な移行。
① フレイルの概念及び重要性の啓発
② フレイルに陥った高齢者の適切なアセスメント
③ 効果的・効率的な介入・支援のあり方
④ 多職種連携・地域包括ケアの推進
自立
※ 多くの高齢者が中間的な段階(フレイル)を経て徐々に要介護状態に陥る
健康
虚弱状態(フレイル)
要介護状態
死亡
加齢

平成 27 年 5 月 26 日（火）経済財政諮問会議塩崎大臣提出資料（「中長期的視点に立った社会保障政策の展開」（参考資料））

イル」と日本語訳で表現し、この段階を人々に認識させ、早期の対応を図ることを促すことにしたのです。

そしてフレイルを未然に予防するために、心身機能（心身の働き）・生活機能（生活行為を営む能力）、社会的機能（孤立せずに社会とつなる意欲と行動力）の３つの機能を同時に維持・増進することを提唱しています。

★ストップ、フレイル！

中年期までの健康管理のターゲットは、メタボリックシンドローム（肥満・高血圧・糖尿病・脂質異常）対策が中心になっていますが、高齢期になるとフレイルにならないことが最優先となり、老化予防（＝機能的健康の維持）に力を入れていくことが求められます。

その中でも、高齢者の健康づくりの運動の習慣を取り入れていくことが重要です。高齢になれば、年齢を重ねる毎に足腰の筋肉が弱っていきます。その結果、家の内外で転倒事故を起こしやすくなり、それが原因で寝たきりになり、フレイルの状態に陥りやすくなるのです。

私も70代後半から徐々に足腰が弱くなり、よく散歩の途中でつまずき、軽い転倒を84歳になるまでに度々経験しました。そのことを心配した家族は、私に足腰の筋肉を鍛えるトレーニングを積極的に行うように勧めてくれました。

そして長男は私たち夫婦に、フレイル対策としてのトレーニングを毎晩一緒にしてくれるようになり、そのお陰で筋肉が強くなってきています。

やっているのは４つです。

１つは、室内で大股の足踏みを１００回すること、足を大きく上げて、ゆっくりと足踏みする運動です。動作を大きくするために筋肉が鍛えられ、歩く時の歩幅が広くなってきています。

２つは、大腿四頭筋を鍛えるためのスクワット運動です。この運動もゆっくりと行うことで筋力がついてきます。

息子が号令をかけながら厳しく指導しますので、私共夫婦は手抜きができません。これがいいのです。毎晩、20分程度の繰り返し運動を重ねていくことで、自然に足腰の筋肉がついてきており、それからは転倒することがなくなりました。

３つは、良い姿勢を保つことです。私の普段の姿勢が無意識のうちに「首下がり症候群」になってきていました。息子からそれを指摘されるまで私は気づきませんでした。

息子はいつも私の姿勢を観察してくれており、首が前に下がると注意してくれます。その都度、意識して首を正しい位置に戻すのですが、油断をしていると、また悪い癖が出てしまいます。それでもその都度、息子が注意してくれ、少しずつ良い姿勢になってきているのではないかと思っています。

４つは、正しい歩き方の訓練です。

歩き方を指導している専門家の話ですと、足と腰に負担を掛けない歩き方が大切で、それには体幹を意識した歩き方をすることだと言います。丹田と肩甲骨と骨盤の３つを意識しながら歩くことです。具体的な方法はユーチューブで「正しい歩き方」と検索して、その動画を見ることができます。

★ウエル・ビーング

私たちは生きている間は、たとえ体が衰えても、心が健やかで温かく幸せな気持ちで過ごしたいものです。つまりＷＨＯ（世界健康機構）が提唱する肉体的・精神的・社会的に満たされた状況である「ウエル・ビーング」（well being）の状態で私たちは老いを迎え、高齢期を過ごしていく必要があります。

それには、心身ともに健康な状態であり続けるための日頃の訓練を、特に高齢になる前から夫婦で心掛けて実行していくことです。そのためにも老化による筋肉の衰えを防ぐ普段の健康の習慣を、欠かさず実行することです。

第6の法則

「一身二生」について

第１項　後半人生の考え方

★独立自営の時代

長い間、日本人の生き方は「人生の勝負は前半にあり」の考え方がベースでした。しかしそれは人生が60歳前後で終わった戦前までの発想でしかありません。現在の日本は、定年まで一つの勤務先で勤めることさえ難しくなっています。また長年日本のサラリーマンが依存してきた終身雇用・年功序列の人事制度も崩壊しつつあります。

これからの日本は、自分の人生を勤め先に丸投げすることは許されなくなる時代になります。学校を卒業してどこかに就職しても、それで安心するのではなく、たとえ定年まで勤められたとしても、その後の人生で、自分を活かして好きな仕事で独立自営を図るという人生観に挑戦することが、全ての日本人に求められる時代になってきたのです。

すでに心ある人たちは、自分の人生をそのように考えながら、自分の未来に挑戦しています。その一例を紹介しておきましょう。

今、日本でオンリーワンの存在で「建設ITジャーナリスト」として活躍中の家入龍太氏から、突然、封書が届きました。氏は現在61歳、京都大学工学部土木工学科、同大学院土木工学専攻、アメリカ・ジョージア工科大学大学院を経て、日本鋼管(現ジェイエフイーホールディングス㈱)に入り、さらに日経BP社を経て2010(平成22)年に独立された方です。

いただいた手紙の中には『土木学会誌』2020年3月号が同封してあり、同誌掲載の「わたしの本棚」欄に家入氏による拙著『大リストラ時代・サラリーマン卒業宣言~独立して「個業家」になろう~』(PHP文庫 2002)の紹介文が掲載されていました。

そこには以下のような一文が綴られていました。

★あるジャーナリストの決断

この本を読んだのは、忘れもしない2002年10月20日のことだ。前日に京都市内で開催された京都大学土木系教室の卒業20周年記念会からの帰途、名神高速路上の「京都深草」バス停留所から東京駅まで高速バスに乗ったとき、社会教育家である田中真澄氏が著したこの本をたまたま読んだのだ。これが、独立のきっかけとなるとは、そのときは思いもしなかった。

気楽に読めそうだったので、車中での読書用にと選んだのだったが、その中身は何度も聞いたことがあるような、ごく当たり前のことばかりだった。中には「ばかばかしい」と一笑に付す人もいるだろう。（中略）

ビジネスと言えば実力や運、押しの強さが大事だと思われがちだが、人間関係からの「引」なくして成功なし、「話三分に聞き七分」と聞き上手になること、笑顔こそが「最大の集客能力」など、顧客に助けてもらうことが成功の秘訣と説いている。

著者の田中真澄氏は、テレビには一切出ない主義を貫いている。日本で初めて「人生１００年時代」を予言し、定年後も一人ひとりが小規模な「個業」を営み、生きがいを持って生きる重要性を提唱してきた。

建設ＩＴジャーナリストとして独立し、歩んできた自分の中には、田中氏の教えが随所に息づいていることに気付く。例えば「建設とＩＴ」というニッチな分野を対象に、毎朝５時55分（ゴーゴーゴー）に起きてブログを書き続けていることは、「一点集中、コツコツ」の実践だ。また建設業のＩＴ活用などのテーマにした講演では、田中氏のように来場者をワクワクさせ、モチベーションを上げるような話し方に心がけている。その結果、知り合いの方々からの「引」により、講演や執筆の依頼も舞い込んでくるようになった。

今、関西大学総合情報学部の非常勤講師として受け持っている「ベンチャービジネス論」の講義の最終回で、田中氏の教えを「経営者の心得」として学生に説いている。現在までに購入した田中氏の著書は20冊以上にもなるが、その原点として本書は今もわたしの本棚にある。その影響を受けて独立した私は、死ぬまで「建設ＩＴジャーナリスト」として活動していきたいと思っている。

★天は自ら努力する人を助ける

この家入氏の一文で、10年前に自分の潜在能力をフルに発揮するために独立し、氏の決断が新しい人生を構築することに成功した様子がよくわかります。このことは、自分を活かそうと努力している人には、必ずチャンスが訪れるということを意味しており、氏はその具現者でもあるのです。

当たり前の習慣を軽視しなかった家入氏の生き方に学びたいものです。

第２項　後半人生への準備

★ぬるま湯制度の崩壊

私たち日本人が馴れ親しんできた終身雇用・年功序列賃金の制度は、戦前の１９３８（昭和13）年に公布された国家総動員法で、国が労働者の移動を制限する政策を実施したのがきっかけになってできたもので、それからおよそ80余年になります。以来、日本の官公庁も団体も民間の会社も、いっせいに終身雇用・年功序列賃金の人事制度を採用するようになりました。

日本人の誰もが、正社員（正職員）として就職する場合は、この制度が前提条件になっています。したがって採用が決まれば、社員も企業も暗黙のうちに「定年まで勤める」ことを当然視してきました。

ところが、ここ10年ほど前から、どの企業も経営が不振になると、リストラを断行して経営刷新を図るようになってきました。この傾向は今後ますます強くなると予想されます。つまり、80余年にわたり続いてきた終身雇用・年功序列賃金制度も、今後は次第に別の雇用制度に変わっていきそうです。

★戦前回帰？

昨今の企業経営者は従業員を定年まで雇用することよりも、リストラで雇用を調整する策を採用することを躊躇しなくなりました。一方、従業員側は、あくまでも定年まで勤めることを前提にした就業形態を守ることに必死です。それは定年まで雇用が保障されるという前提で生きてきたからです。

この両者の溝は、時代が進むごとに徐々に埋まることになると思います。なぜなら、それが世界的な傾向であり、日本だけがこの制度を存続するわけにはいかなくなるからです。

よくよく考えてみると、終身雇用も年功序列も、80余年前までの日本にはなかった制度であり、それまでの従業員は自由に会社を渡り歩いていたのです。江戸時代から明治・大正・昭和の初期までの日本人の間では、どこかの組織に所属して働くことよりも、自分で自立して働くという生き方が主流を占めていました。私が1959（昭和34）年に日本経済新聞社に就職した頃の日本人の就業人口の５割は自営業に従事していました。世の中の半分の人は独立独歩の人生を歩んでいたのです。

当時は、サラリーマンになっても、いつかは自分で事業を立ち上げることを当たり前とする考え方が、世間の人々の心の中に横たわっていたのです。ですから、書店には独立を目指す人が読む雑誌が何種類も並んでいました。

★商人道の時代

そういう独立を目指す人が関心を寄せたのは、江戸から明治時代まで事業主や自営業者の心の支えになっていた「商人道」が提唱する生き方でした。そして戦前までは全国の街々には商人道を学ぶ集いが幾つもあったのです。

しかしサラリーマンが就業人口の６割を超えて、７割、８割とその比率が増えるにしたがって、商人道への関心が薄れてしまい、代わって「武士道」への関心が高まっていきました。

武士道は江戸時代の武士の生き方を支える精神的支柱です。ところが、江戸時代の武士階級の人口は７％前後でごく少数であったため、それ以外の人々には「商人道」が生きる支えであったのです。

武士道は、武士の集団内部の秩序を維持する道徳律です。集団の秩序を維持する最優先の倫理は忠義であり、それを守ることで武士は己の地位を安定化させてきたのです。

このことは、戦後のサラリーマンの置かれた状態にピッタリ合致しました。そのために、就職先に定年まで勤めることができるという安心感を手にサラリーマンは会社の規律を守ることを第一義にしたのです。

他方、事業主や自営業主は、顧客・取引先・従業員に対して、お互いの信頼関係を保つことが求められたことから、他者との協力関係を図るための自己啓発・自己革新を重視することを生き方の基本に据えてきました。

この両者の特徴を捉えて、武士道の倫理を重視する社会を「安心社会」、商人道を重視する社会を「信頼社会」と表現したのが、社会心理学者の山岸俊男氏（1948〜2018）です。

サラリーマンから自営業主に転身する人には、山岸氏の著書『「日本人」という、うそ』（ちくま文庫　2015）を読んで、商人道への理解を深めてほしいと思います。サラリーマン時代に身につけた所属価値に生きる武士道精神のままでは、自分の事業で成功するのは難しいと分かるからです。

私も２０１７（平成29）年に『商人道に学ぶ時代がやってきた』（ぱるす出版）を上梓しましたが、新時代を生き抜くには、再び商人道的な発想が必要になってきたのです。

山岸俊男＝社会心理学者。一橋大学で社会心理学者の南博氏に師事。「社会的ジレンマ」研究で独自の世界を切り拓く。北海道大学教授、東京大学特任教授。文化功労者

第３項　信頼志向の時代

★定年は70歳

日本で働く人の８割がサラリーマンである社会では、安定志向の考え方が国を覆いつくします。その結果、国民の大半が「できるだけ大きな会社・団体・官公庁に就職し、そこで定年まで勤めるのが最高の人生」という「寄らば大樹の陰」的な発想での生き方を選ぶ

ようになります。

確かに人生が60～70歳前後で終わった戦前までの時代は、そうした考え方で一生を過ごすことが最も安定した生き方であり、本人はもちろん家族もそれで十二分に幸せな人生を全うできたのです。

ところが、生きる期間がどんどん長くなり、いつの間にか「人生１００年」の言葉が市民権を得て、人々の生き方に影響を与えるようになりました。

政府も首相官邸に「人生１００年構想推進室」を設置し、総理大臣を議長とした人生構想会議を適宜に開催し、人生１００年に対応した政策を推進するようになってきています。

その政策の一環として、今年、２０２０年の通常国会では、定年を現行の65歳から70歳に延長する「70歳定年法」（改正高年齢者雇用安定法）が成立しました。来年４月から施行されることになっています。

★最低でも80歳まで

この70歳定年法が施行されたとしても、今の日本のサラリーマンは70歳前後で亡くなる人は少なく、平均寿命は男性81・25歳、女性は87・32歳ですから、平均寿命まで10余歳～

17歳は生きることになります。したがって、政府は元気な高齢者には、さらに80歳まで働いてもらうような法的措置を将来の政策で設けていくことになるでしょう。

実際に、80歳まで働く人が増えています。産業用冷凍冷蔵庫メーカー・前川製作所は「定年ゼロ」という制度を日本で最も早く制定し、「60歳の定年後は、雇用形態を１年間の有期契約雇用とし、賃金は59歳時の60％程度とする」の条件を認めれば、60歳以後も雇用契約は維持されるのです。

同社では、60歳の定年を迎えても8～9割の人が再雇用となり、目下、最長老の社員は81歳の方です。そして国内で働く社員２２００名の１割以上の２４０名が60歳以上の高齢者となっているのが現在の姿です。

★92歳の技術者

私は20年ほど前、前川製作所の中高年向けの講演会に招かれ、「終身現役の時代」と題する話をしましたが、参加者はすでに定年ゼロ制度の下で働いている方々でしたから、私の話は当然であるとの思いで聴いておられました。

その時の人事担当役員の方の説明では、定年後の雇用契約更新の際には職場の若い社員の意見も聞くそうですが、定年を越えて働く技術者は、ほとんどが機械工学と電子工学・電気工学の関連する学問を必要にかられて学んでいるベテランで、最高年齢の社員は1911（明治44）年生まれの井上和平氏で当時92歳、NHKの「人間ドキュメント」の番組で取り上げられた方でした。

この方は、60歳を過ぎても特許を量産し、2001（平成13）年にはコンビニ用小型冷凍機開発のプロジェクトでトラブルが発生した際に、井上氏は最長老のエンジニアとして解決に当たりました。

『92歳、現役サラリーマン～これが生涯現役を目指すサラリーマンの理想像だ！～』（KTC中央出版　2003）でも紹介された方です。井上氏は若い技術社員が舌を巻く高度な知識と技術を兼ね備えた若手の憧れの人であったそうです。

★高齢者こそ挑戦を

私はこの話を聴きながら、技術職の人は自己啓発を怠らなければ、高齢になっても、能力を磨き続けていけることを改めて感じました。

このことは、高齢を理由に、新しい仕事についていけないと言い訳をするようではダメであることを意味します。

高齢者の多くの人は、自分の年齢を理由に新しいことに挑戦することを避ける傾向が見られますが、そうした姿勢では、とても時代についていけないと自戒させられました。

年齢を越えて、定年の年齢になっても、世間から信頼を寄せてもらえる人でありつづけるには、仕事に全力で挑むことが求められます。

井上和平氏のように、若い世代の人たちから尊敬されるような力を発揮するには、普段から自己研鑽に努めることです。それがまた新しい時代に適応できる自分作りにつながるのです。私自身も年齢を理由に、新しいことへの挑戦を断念した時、それが現役引退の信号であると自分に厳しく言い聞かせています。

第4項　老舗商法に学ぶ

★老舗哲学

２０１３（平成25）年に、私が講演でよく口にする言葉をまとめて『田中真澄のパワー日めくり』（ぱるす出版）と題するポケット版の小冊子を発刊したところ、携帯に便利で価格も安いこともあって、よく読まれており、今も版を重ねています。

特にサラリーマンを

老舗の商法　24

目立たず
無理せず
背伸びせず

事業は永続してこそ本物

200年以上続く老舗が世界には5586社あり、その3146社は日本にある。因みに2位はドイツ837社。日本は圧倒的に世界一の老舗大国。(2008年韓国銀行調査)

「創業は易く守成は難し」の如く、事業を長く続けることは大変難しい。だから200年以上の老舗が3000余社もあることは日本の誇りである。日本の老舗に共通した生き方（商法）は3つ。

○**目立たず**〜良客確保を主眼に、派手に・楽して・恰好よく生きようとはしない。

○**無理せず**〜売上拡大よりも確実に利益を確保し、従業員と顧客の優遇に全力投球。

○**背伸びせず**〜奢らず、地道に徹し、自分の実力の範囲を超えて勝負しない。

これが老舗の商法である。

田中真澄のパワー日めくり

辞めて独立し、事業経営に目途がついた人ほどこのポケット版を愛用し、仲間たちにも配っているようです。

事業経営を自分が主役になってやった人なら誰もが気づくことがあります。それは事業を順調に存続させることがいかに難しいかということです。

そのことに気づいた人ほど、何百年と続いている老舗の商法に関心を寄せるものです。先のポケット版の24項目に「老舗の商法」を取り上げていますが、この内容は、老舗の存在に無関心だった人にとって、とても刺激的であったようです。

★起業家精神の欠如

日本の学校教育では老舗について学ぶ機会が設けられていません。そのせいで、日本が世界に誇っていいはずの老舗の存在に気づく人は少なく、一般の人々の間でもほとんど関心がありません。それが正直なところです。

その背景には、日本人の起業家精神の希薄さがあります。学校を卒業し、社会で自分の専門力を磨いたら、それを武器に独立し、自分の事業を展開していこうという将来への夢を抱く人が、諸外国に比べて非常に少ないのです。

これまでの日本人が描く夢は、いい大学を卒業し、いい会社（官公庁）に就職し、家族を持った後は子供を大学まで行かせ、定年までに自宅を購入し、定年後は年金と退職金を頼りに余生を楽しむ、というのが一般的なものでした。今でもそのような夢の実現に懸命なサラリーマンが圧倒的に多いのです。

しかし、その夢を追いかけるサラリーマンのあり方は、今後急速に減っていかざるをえないでしょう。なぜならサラリーマンが定年まで勤めることができにくい世の中になってきたからです。

★黒字リストラが常態？

そのことに疑問を抱く人は、パソコン上で「リストラ」と検索してみてほしいのです。そこには驚くべき事実が紹介されています。日本を代表するような大企業が、赤字経営のためにリストラするのはわかりますが、何と経営は黒字であるにもかかわらずリストラ（黒字リストラ）を実施し始めているのです。その事例が1つや2つではありません。企業経営者にとっては、それが当たり前の経営手法になっていることに気づかされます。

新型コロナウイルス感染が広がることで、世界中の企業の業績が落ち込んでいます。

２０２０年の世界経済は、これまでにない危機的な状況を迎えるであろうと多くの専門家が予測しています。

その結果、残念ながらリストラが激増し、そんなことを考えてもみなかったサラリーマンを、恐怖のどん底に陥れることになるかもしれません。そのことを前提にして、いつリストラの対象になってもあわてないように準備だけはしておくべきです。その一助として、転職と同時に、独立することも視野に入れ、老舗の在り方に関心を寄せておくことです。

第５項　個業が有利な理由

★「奥様」の出番？

私の拙著の中で、今も世間から支持を受けている本の1冊に『21世紀は個業の時代〜個人企業・自営業・ＳＯＨＯで自立を！〜』があります。この本は２００４（平成16）年に著してから14年になります。残念ながら、現在は品切になっていますが、今こそ多くの人に読んでもらいたい本です。リストラによる中高年の人員整理が本格的に始まってきたからです。

14年前、この本を読んで、私のセミナーに参加してくださった方々の中で、サラリーマンを途中で辞めて個業主となり、すでに立派に独り立ちした方が私の知る範囲でも５人ほどおられます。その方々に共通するのは、奥様の全面的な協力があり、夫婦協業で自宅を事務所にして始められたことです。

それでわかるように個業で成功するかどうかは、奥様次第です。奥様の協力があれば、成功の確率はほぼ手中に収めたと言ってもいいほどです。

一方、どんなにご主人にやる気があって頑張っても、奥様の協力がなければ、その仕事は長続きしないのが普通です。私は40余年間、様々な個業を見てきた経験から、そのことをはっきりと言えるのです。

★起業意欲を削ぐのは誰？

私の知人が定年前に独立すると決めた時、奥様は気位の高い方で、ご主人に対し猛反対され、

「あなたの仕事には一切かかわりません。仕事に関する電話にも出ませんから承知してお
いてください」

と言われたそうです。そしてご主人が独立後、奥様は本当に仕事の関係者からの電話に
は出られなかったようで、ご主人はやむなく携帯電話だけで対応されていました。

このご主人はそれでもよく我慢されたのです。しかし奥様の協力がなければ、仕事への
情熱も次第になくなるものです。ご主人はそのこともあってか、強いストレスがあったの
でしょう、独立後10年足らずで亡くなりました。

このように、世の奥様族の中には、ご主人の勤務先が一流企業で、エリートコースを歩
んでいることを誇りとし、ご主人の学歴と所属価値を自慢にしている方が結構いるもので
す。そういう方ほど、名の知られていない会社や中小企業を下に見る傾向があります。そ
してもちろんのことですが、独立することや、すでに独立した人を軽視する傾向がありま
す。

私も日本経済新聞社を辞めて独立した時に、そういう目で私を見る奥様族に出会ったこ
とがたびたびありました。こうした事例からも推測されるのは、ご主人が独立しようと決
意した時に、その決意をダメにするのは、意外にも奥様の反対が強いことであると思われ

るのです。

その点、普段から夫婦で世の中の傾向を話し合い、例えばリストラにあった時、自分たちはどうすべきか、その対応を考えている夫婦は、いち早く次なる一手を考え、それを実践していくことのできる方です。

★定年前研修は夫婦で！

私が企業内の定年前研修に招かれた時は、事前の打ち合わせで、「できるだけご夫婦同伴の研修会にしませんか」と提案し、それに積極的に賛同する研修担当のリーダーは発想が柔軟で、夫婦の役割をよく理解している方です。

そういう方は、これからの時代の動向を見極めておられ、夫婦協業の個業で生きる道を説く私の講演を、前向きに捉えてくださいます。しかしそういう方はまだまだ少数派です。一流企業のサラリーマンほど、個業や自営業を営む人生に対する考え方が後ろ向きなのです。

この起業に対する後ろ向きの考え方は、日本人特有のもので、諸外国では見られない現象です。その事実を知りたければ、各国の起業状況を調べてみあればよく分かることです。

★夫唱婦随のとき

その日本人の特性を生んでいる大きな原因は、日本の学校教育の在り方にあります。日本では学校で起業に関する教育が、最近まで存在していなかったのです。やっと安倍内閣になって、起業について触れる教育がなされつつあると先述しましたが、それでもまだまだ実験段階にすぎません。

今、時代は大きく変わってきています。その変化に伴って、国民は生き方を変えていくべきです。その生き方変革ができない人は、当然ながら時代に取り残されていきます。リストラの結果、勤務先とのご縁が途絶えても、新たな人生に挑戦していくために、夫婦で勉強している人たちは、転職にしろ独立にしろ、見事に生き残っています。そんな夫婦でありたいものです。

第7の法則

「どう生きるか」について

第１項　定年後人生を考えること

★生き方まで会社に丸投げ？

日本人は、長くなった人生をどう生きるかを真剣に考えていない人が今でも多いように思います。私は人生１００年時代をどう生きるべきかを、独立直後の昭和54（１９７９）年以来ずっと説いてきた人間ですが、その経験から言えることは、日本人の一般的な人生観は未だに「人生は60歳までが勝負」のパターンです。すなわち人生の勝負は前半で決まると、昔の発想がまだ生きているのです。

ですから、人生が１００歳近くまで延びてきているにもかかわらず、それに対応した新たな生き方を身につけておらず、また身につけようと努力している人が少ないのです。そういう人が全体の7割から8割近く存在しているように思います。

講演会によっては、終了後、私の講演をどう受け止めたかの感想文を参加者に書かせるところがあります。その場合、その感想文のコピーを送ってもらい、それをじっくり読んでみると、参加者の本音が分かります。

そこから、自分の生き方を勤め先に丸投げし、定年後の再就職先でさえ、勤め先に決めてもらうことを当然視している人が多い現状がよくつかめます。

★地域で生きる時代

私は中学から大学までの同窓会や日経のOB会には、今でもできるだけ出席するようにしています。それは昔の仲間たちとの親睦を図ることと同時に、彼らが今どう生きているのか、その実態を知るためでもあるのです。

私の観察では、定年後、自分なりの独自の人生を築いている人は、それこそ1～2割足らずで、あとは退職金と年金をベースに余生を過ごしている人がほとんどです。中には郷里に戻って、地元に貢献している人もいますが、そうした人はごく稀でパーセントにもなりません。

若い時に郷里を離れ、東京や大阪に出て就職した人は、ある意味で郷里を捨てた人ですから、今さら地元社会に戻ることもできないのだと思います。

片や地方で就職し、そのまま定年を迎えた人は、地域社会とのご縁をつないできていますから、その地縁を武器に、老後も何らかの役割を担い、地元の一員としてそのまま活動していく人生が残っています。

それを考えると、これからの時代は、大都会に出て定年を迎える人よりも、地域社会に留まり、そこで生きていくことを選択した人のほうが、老後は人間的な生き方ができる可能性が大であると言えそうです。

★後半人生を生き抜く知恵

一方、定年後、自分なりの独自の人生を築いている人は、当初は何かと苦労を重ねるようですが、そのうちに自分の生存領域を探し当て、周りの同業者との人間関係を築いて、落ち着いた人生を歩んでいます。どんな業界でも、一人前に仕事をしていくには、それなりの社会的な認知を得る必要があり、そのための辛抱を避けては通れません。

その辛抱で最も時間を要するのは、良客（優良顧客）の形成です。「商売は良いお客様の数で決まる」の言葉通り、良い顧客を持つことが商売（独立）の決め手です。良い顧客とは次の３つの条件を備え持った顧客のことです。

①支払いがきちんとしている。
②リピートのオーダーがある。
③良い見込み客を紹介してくれる。

こうした良い習慣を保持している人を顧客として多数抱え、そういう顧客に対し、フォローアップのサービスを絶えずおこなっている人は、顧客からも好かれることから、絶えずリピートオーダーに恵まれていくのです。

30年前、アメリカ生まれの洗剤を扱っている販売代理店の集会に招かれた時、商売永続の話をしたことがあります。その時、私の話を熱心に聴いてくれた中年の男性がいました。その方とは、その後、たびたび文通を重ねて今日に至っています。その方から先日次のメールが届きました。

私は後期高齢者の仲間入りをし、母の介護で5年間は再注文だけでした。その間、売り上げは5パーセントだけダウンしました。税理士さんもびっくりしていました。企業の社長が1か月間休んだら倒産です、と言ってました。

45年間続けられたのは、田中さんのお話を実行してきたおかげです。

ここに、いかに良い顧客を持ち、その顧客へのフォローアップに力を注ぐことが、事業を営む上で最重要なことであるかが示されています。それは後半の人生を生き抜く知恵でもあるのです。

第２項　年金を当てにしない老後対策

★未来に敏はどちら？

私は拙著『１００歳まで働く時代がやってきた～年金に頼る老後は高齢貧困につながる～』（ぱるす出版　２０１５）の中で、
「年金に頼って老後を過ごす時代は終わった」
という項目を掲げ、これからは年金も退職金も減っていく時代になるので、１００歳まで働く覚悟で老後対策を考えてほしいと提言したところ、読者から様々な反応がありました。

それを総括しますと、若い世代からは、

「私（田中）の提言は当然であり、そのための準備を今からしている」

との声が多く寄せられました。若い世代ほど、老後を真剣に考えながら生きていることが判明しました。

ところが問題は、ここ数年で65歳の定年を迎えることを前にしている人たちです。これまで職場で長く一緒だった先輩たちが年金と退職金で老後は過ごしているので、それを見習って、自分たちも何の準備もしていないで定年を迎えようとしています。

つまり、未だに自分たちの老後の人生を、若い人たちほどには真剣に受け止めず、何とかなるだろうと考えているのです。

★年金の現実

２００４（平成16）年に行われた年金改革で「マクロ経済スライド制」が導入されたことにより、年金は名目上、物価にスライドして上がっていくとしても、一方で自動的に減額される部分があり、実質上の年金は毎年減らされていくことになるのです。

マクロ経済スライド制とは、現役人口の減少や平均寿命の伸びに合わせて年金の給付水準を自動的に調整するというものです。

加えて年金から天引きされるのが介護保険料です。この天引きの金額（年額）は各都道府県の自治体が決めるもので、収入に応じて違いますが、渋谷区の例では、最低で2万1300円（低所得者）から最高額は11万8700円（年収800万円以上の人）となっています。

しかもこの金額は市町村の高齢者の状況によって毎年違い、年々上がっていくことは目に見えています。

つまり、年金だけに頼って老後設計をするのは危険になってきているのです。この危険を防ぐためにも、できるだけ65歳以上になっても、収入が得られるような人生設計が必要になってきたと認識すべきです。

★現役は最高の年金

その対策の1つ目は、たとえ少なくても収入が得られるならば、そうした生活を送るべきです。私の大学時代の友人は、保育園の園児の送り迎えの小型バスの運転手をしており、月収は10万円足らずのようですが、ボランティアとして84歳の今も楽しみながらやっています。

また高校時代の友人は、私立高校の用務員の仕事をして月額17万円の収入を得ています。仕事は学園内の見回り・掃除・用具管理・施錠などです。

彼の掃除は徹底しており、来訪者からも高く評価されていることから、理事長からは、元気な間はいつまでも働いてほしいと頼まれているそうです。

対策の2つ目は、健康上の理由で働けない人は、節約に節約を重ね、支出を極力抑えていくことです。質素な生活に徹していけば、夫婦2人の生活であれば、何とか年金だけでも工夫しながらやっている人もいるのです。

ところが、大企業に勤めていた人ほど世間体を気にして見栄を張り、地味な生活に徹することができないようです。いつまでも自家用車を乗り回し、80歳を過ぎても自動車免許を返上できないでいる人が多いのです。

私の場合は、60代の後半で免許証を返還し、車が必要な際はタクシーを利用する生活にしましたが、何の不便も感じることなく今日まできています。

★贅沢は敵！

こうして定年退職のことを見てきますと、これまでの定年後のサラリーマンは、誰もが夫婦で世界旅行に出かけることを楽しみにしてきましたが、そういう老後人生は、贅沢が許されたバブル時代の名残りと受け止めるべきです。現在は、定年と同時に地道に生きることを心掛けなければならない時代です。

私の知る定年族のご夫婦は、旅行会社の宣伝に乗せられて、毎年のように世界のあちこちを旅行し、その費用に数千万円使ったと、かつては自慢していましたが、昨今は、

「あんなに旅行にお金をつぎ込むのではなかった」

とすこぶる後悔しています。

私たちの老後は想定していたよりも長くなります。その際に最も頼りになるのは自分が貯めたお金です。そのことを決して忘れてはなりません。

第3項　3世代同居

★学力テスト上位県の特徴

２０１９年度の文科省全国学力テスト（小学生・中学生）における正答率の高い地区は、全国第１位は石川県、第２位は秋田県、第３位は福井県、続いて富山県、東京都となっています。この事実が示しているように、トップ集団は日本海沿岸の各県です。

どうしてこれらの県は毎年上位にランクされるのか、その理由は教育関係者の分析によれば、３世帯同居（または近居）の世帯が他の県よりも多いため、共働き家庭の生徒たちが帰宅すると、家には生徒たちの帰宅を待っている祖父母がいるからだと解説しています。

そのことは、かつて新聞社時代に富山県で３年勤務した私には、すぐに納得できました。富山県をはじめ日本海沿岸の県は冬の積雪のお陰で、電力発電が豊富なため、昔から企業の工場進出が盛んです。それに伴って、労働力の需要が常にあるのです。

そのために夫婦共働きの家庭が多く、その家庭の子供を守る役割が、祖父母の世代に求められてきました。したがって3世帯同居のための「3世帯同居住宅」や祖父母の近くに2代目の夫婦が住むという形態の家庭が多く、それがこの地方の特長になっています。

★祖父母の力

では3世帯同居の家庭が多い富山県や福井県は、どうして中学・高校の生徒たちの学力が高いのでしょうか。その理由を探るには、そうした3世帯同居の家庭の子供たちには共通した傾向が見られることから、そのことの中に、同居家庭の教育上の特徴を見い出すことができます。

その特徴は、長い歴史が培った家庭環境の下で育った祖父母たちには、次のような習慣が見られます。

第1は、文科省が2006年から主導している「早寝早起き朝ごはん」の国民運動が示すように、生活改善のトップバッターが、この運動の実践なのです。祖父母がそのメリットを良く知っているだけに、3世代同居の家庭では早寝早起きが、他の家庭よりも実施されている率が高いのです。この習慣を行っている家庭の生徒は、そうでない家庭の生徒よりもあらゆる面で、成績がいいのです。

第2は、祖父母と同居している生徒は、普段の起居動作が落ち着いており、人の話を聴くことに秀でていることを教師たちは実感しています。それは、祖父母とのコミュニケーションを普段からとっている生徒たちは、祖父母の指導で、自分勝手な話し方が許されず、相手の話をよく聴くことを強いられるからです。

第3は、祖父母を通して、戦後の学校教育では教えられなくなった本来の家庭における徳育が施されているからです。

「勤勉であれ！」「無駄遣いはするな！」「先生の言うことは守れ」といった、昔から当たり前とされてきた習慣を、無意識のうちに身につけているのです。

こうした祖父母の指導を幼児期から中学卒業まで受けている生徒は、確かに教師の目から見ても、頼もしい子に育っていくのです。それが社会に出て働く場合にもプラスに作用することは容易に想像できます。

★私の「2LDK3世代」時代

私にはそれがよくわかるのです。なぜなら、私は結婚して5年目から3世帯同居の家庭を築いてきました。私の妻は高校2年の時に父親を亡くして以来、母子家庭であったことから、私共はいつか妻の母親（私の義母）と一緒に暮らすことで、親孝行につながる生活をしようと話し合っていました。

そこで2人目の子供（長男）が生まれた時に、子供の世話をしてもらうことも含めて、義母と一緒の3世帯同居の生活に踏み切りました。２ＬＤＫの公団住宅の家でしたが、当時はそれでもマシな生活をしていると言われたものです。

大勢の家族が狭い家で暮らすことを、戦後の貧しい生活で強いられてきた私たち夫婦は、何とも思いませんでした。それよりも3世代がにぎやかに暮らせることを幸せに感じました。

我が家は賑やかで笑いの絶えない家庭でしたが、その笑いの中心は義母であったため、2人の子供との関係もスムーズにいきました。その経験から、３世帯同居の家庭を築くことは、子供たちだけでなく、老後の人生を送る上からも、理想的な生き方につながると、夫婦で確認し合ったものです。

第4項　経済的基盤の構築

★転身を可能にするもの

人生をロングランで考える時、後半の人生を左右する要素はいくつかありますが、その中で欠かせないのが経済的基盤、いわゆる「お金」です。何事かを始める場合も頼りになるのがお金です。経済的な後ろ盾がないために思ったことができない経験がどなたにもあるはずです。

サラリーマンが中年以後のリストラの危険が迫った時に、思いきって転身する決意ができるかどうかも、最終的にはお金の問題です。

私が43歳の時に転身できたのは、住宅ローンの返済の目途が立っていたからですが、それができたのは、次のような事情があったからです。

私は結婚した時、妻とよく話し合ったことは、一日も早く公団住宅を出て自分の家に住めるようにするために、どうしたら早く住宅資金を貯めることができるかという問題でした。その時に参考にしたのが本多静六氏の『私の財産告白』（実業之日本社）でした。

私は学生時代から実業之日本社の雑誌を読んでいたことから、本多静六氏の３部作『私の財産告白』『私の生活流儀』『人生計画の立て方』（この３部作は２０１３年に同社から新装版が出ている）の愛読者でした。そのことから、「本多式４分の１貯金法」を我が家でも実行するにはどうしたらいいかを妻と相談し、４分の１は無理でも10分の１（１割）ならできそうだということになり、その方法を早速実行することにしました。

★私の１割預金の効果

妻は、地元の金融機関に口座を作り、給与の翌日にはその口座に１割預金を始めました。これを８年間欠かさず続けました。ちょうどその８年後に、本社が社員向け低利子住宅融資制度を創設しました。それに応募した私は、１割天引預金のことを申請書に書き添えたことも有利に働いたようで、第１回の受給者の中に、諸先輩にまじって若い私も選ばれたのです。

その制度のおかげで、私たちは入社10年目に、公団住宅の裏にできた地元農協が造成した宅地分譲地の一画に、新居を建てることができたのです。これは社内では珍しいほど早い時期に自宅を持てた事例になりました。

その自宅建設から10年後に私は独立しましたが、会社から借りていた住宅資金は、退職金と相殺で全額返済することができました。

おかげで独立以後、住宅ローンで苦しむことなく、自分の事業に打ち込むことができたことは、実にラッキーでした。

独立以後の私の事業や子供たちの教育資金のことでは、この住宅融資の事例のように、資金計画は早目早目に立てることにしたことで、お金の面で困ったことは一度もありませんでした。お金の使い方を早目に立てることは、お金の無駄遣いがないことでも有利に働きます。私のサラリーマン時代、仲間たちが麻雀やゴルフで浪費している時、私には金の使い方が前もってわかっていましたので、友人たちからの遊びの誘いを断ることができました。

このお金の使い方の計画を立てておく方法は、子供たちも生活の中で使うようになり、2人が留学した時も、事前に学習計画を立て、そのための資金を用意し、無駄使いすることなく、効率的な学習を重ねることができ、目標としていた学位や資格を取得することができたようです。

★時間とお金の使い方

サラリーマンの人生においても、自分の求める資格や専門の技術を習得するためには、資金の面からも事前に手当を考えておくことです。計画的な生活を送ると、収入の何割かでも自己啓発に向けることができ、その積み重ねが自分の専門力の形成につながっていくことになります。

私は仕事柄、サラリーマン時代から自分のために時間と資金を投資して専門力を身につけ、それを武器に定年後や途中からその道のプロとして活躍している人をたくさん知っています。

長い人生を心身ともに豊かに生き抜くには、こうしたロングランの人生計画の下に、自らの努力で自分作りをしていくことが必要になってきました。

これまでの勤め先に自分の人生をゆだねてきた終身雇用時代の生き方はもう古くなり、あくまでも自助の精神で生きていく時代になってきたのです。

第5項　老後の生き方の学び方

★余りの人生でいいの？

これまでの私たちは、年々長くなる老後をどう生きるか、誰からも教わることはできませんでした。なぜなら私たち日本人の祖先のほとんどが１００歳前後まで長生きした経験がないからです。過去の日本人は、平均して70歳前後まで生きれば十分といわれてきた歴史をずっと積み重ねてきました。

そういう意味では、現在の私たちは、人類史上、初めて超長寿の人生を歩んでいるのです。そのために超長寿の生き方の教科書を持たないのは当然なのです。したがって、ロングランの人生をどう生きるかは、私たち自身で手探りしながら、作り上げていくしかないのです。

ところが、私と同年代の人々を見ていると、そうした努力を重ねて人生１００時代の生き方を自ら探り当てて、独自の人生を築いている人は少ないのです。ほとんどの人は諸先輩が生きてきたような人生、すなわち定年まで頑張ったら、あとは余生というこれまでの生き方から一歩も出ていない、相変わらずの人生を歩んでいます。

そのために、今でも人生は前半で決まるという生き方をしており、前半と同じだけの歳月を重ねる後半の人生をフルに活かすことができずにいます。

★学校で教えてくれないもの

私たち日本人は就職をするまで、幼少時から大学まで約23年間も学校生活を送りますが、よく考えれば、この期間は就職するまでの準備期間と表現できます。それだけたっぷりと準備をして、社会人になるための備えをしてきたのです。逆に言えば、それほどの時間をかけないと十分な社会生活を営めないと、育てる親たちはわかっているからなのです。

それに引き替え、これからの長くなる後半の人生のために、私たちはどれだけの準備をしているのでしょうか。その準備の無さや足りなさが、後半の人生を充実できないで終わっている最大の理由なのです。

私が常に「人生の勝負は後半にあり！」と訴え続けているのは、後半の人生の重要性に目を向け、後半を有意義に送るための準備は若い時からしっかりとしていくことを、多くの人に気づいてほしいから申し上げているのです。もちろん、「おれはもう若くないから準備しても無駄だ」といってあきらめる必要はありません。気づいたその日から始めればいいのです。

正直に言って、現在の日本の学校教育は、明治時代以来続いている昔のパターンの一部分を修正しながら、繰り返し実施しているだけであり、そこには人生１００年に備えての新しい教育の仕組みは見られません。

その証拠に、日本の学校教育には小学校から大学まで、老後の人生をどう送るかを考える「老人学」「加齢学」の科目が全くありません。

また現在に至るまで、文部科学省をはじめ関係者の間で、そのことを真剣に考え、それに挑戦しようとしている人たちは、残念ながら見当たりません。

★後半人生は自分の手で

日本の現状がそうであるならば、ここは私たち個々人で後半の人生の準備を就職期間中にしていくしかありません。これまでのように諸先輩が用意してくれている従来の教育路線を歩むと同時に、一方で、自発的に試行錯誤しながら、後半の人生に備えていく準備をしていくことが大切です。

私の場合は、33歳の時に日経マグロウヒル社に出向して、アメリカから伝わってくる諸々の情報に接しているうちに、「老人学」の存在と重要性に気づき、手探りで老後の生き方を自分の経験も踏まえて学んでいきました。

そして、未だに日本の教育で教えない人生後半の生き方を、世の中に伝えていくのが私の社会的な使命ではないかと悟り、「幸せな人生を歩むための法則」をベースに社会教育家として、講演と執筆を業としつつ活動しているのです。

幸いにも、私の考え方を支持してくださる方々が全国に潜在していたことから、私の社会教育家として生きていく基盤が形成でき、そのおかげで今なお現役として活動することができています。

先般、ある方から便りがありました。そこには次のような趣旨のことが記されていました。

田中さんの著書は全部購入し、それを何回も読み直しています。もう7回目になった本もあります。専門家として地道に生きることの大切さを知り、定年前には大学院で学び直し、博士号と技術士の資格を取得、定年後の今は企業向けのコンサルタントとして活動しています。どんな分野でも基本を重視することを説きながら若手の育成に力を注いでいます。

この方は拙著を通して、後半の人生に備えることを実践され、今は見事なオンリーワンの人生を歩んでおられます。大いに参考にしたいものです。

第8の法則　苦難を乗り越えた先達たちについて

第１項　艱難汝《かんなんなんじ》を玉《たま》にす

★エリートの特徴

恵まれた教育環境、親からもらった優秀な遺伝子、周りの有為な人々の「引《ひき》」によって苦労することなく成功していく、そのようなエリートコースに乗って出世する生き方を、私はあまり評価してきませんでした。

そういうコースを歩んだ人は、逆境の中に身を置いたことがないために、自分中心の発想で物事を処理し、周りの人々への配慮に欠けるきらいがあります。その結果、ともすると、自分のエリート的価値観で相手を見下す癖が身につきます。

福沢諭吉は著書『学問のすすめ』の冒頭で、

「天は人の上に人を造らず、人の下に人を造らずといへり」

と述べ、人は生まれながらに貴賤の区別はなく、万人はみな同じ身分であると言っている言葉は多くの人が口にする名文句です。

しかしこの言葉のように、相手と自分は対等な関係との価値観で、人と付き合っているエリートの人がどれだけいるでしょうか。多くのエリートは、相手の出身地・家柄・学歴・職業・専門力・財産などで相手を無意識のうちに評価しており、その結果、差別的に人と接する傾向があります。

こういう人は、人間関係を形成していくのが苦手であるため、心からの友人・部下の協力を得られず、不本意な人生を歩む人が多いものです。

★偉人伝に学ぶ

一方、貧しい環境の下で、しかも凡人としての能力しか持たないにもかかわらず、周りの人々の支援を得て、徐々に力をつけていき、最後に大きな業績を残した人たちが、歴史上には数多く存在しています。

そうした人々をかつて世間は「偉人」と称して尊敬したものです。そして親も先生も「偉人伝」を読むように子供たちに薦めたものです。

ところが、今の子供たちは偉人伝を読まなくなっています。50年ほど前までは、ちょっとした書店には偉人伝のコーナーが設けられていましたが、今ではそういう店は大型書店に限られてきています。

これは戦後の教育現場で、人間みな平等という平等主義がはびこり、特定の個人を讃える雰囲気が徐々に減少していることと密接な関係があります。

努力する人間もそうでない人間も同一視するのは間違いであり、努力する人間を大いに尊び、讃え、同時にみんなが努力人間になることを目指すべきで、その雰囲気を醸成していくのが本来の教育の在り方であるはずです。

私の周りにも凡人でありながら、努力を重ね続け、自分でも信じられないほどの力をつけた人がいます。そういう人は共通して、偉人に学んでいます。

★私が貧しさを耐えられたわけ

私の中学2年と3年の時の担任の先生は、偉人伝を読むことを奨励し、教室の壁に偉人の写真をずらりと掲げていました。

私もその先生の影響で、偉人伝は中学・高校時代にかなり読みました。偉人の中でも貧乏な生活を耐え、将来の夢に向かって黙々と努力しながら、少しずつ夢の実現を果たしていった人たちの生き様を知って、大いに刺激を受けたものです。

中学時代のクラスメイトの8割は、中学を卒業すると就職していきました。彼らは経済的理由で高校への進学は断念したのです。私の場合も、前述した通り、戦後、父は戦犯に指名されたために公職に就けず、行商をしながら家族を養っていたので、家計は苦しく、本来ならば、私も就職組に入るところを、父は、

「お前が大学を出るまでは頑張るから心配するな」

と言い、進学を強く勧めてくれたおかげで、高校から奨学金の支給を受けながら進学することができました。

そんな家庭状況でしたから、大学では学生寮に入り、教師を目指す学生に与えられる教育奨学金と家庭教師のアルバイト収入で生活は維持できました。加えて父が家計をやりくりして学費を送ってくれましたので、それは将来のために貯金に回しました。

おかげで就職直後の3年間は書籍代で金がかかりましたが、貯金のおかげで助かりました。さらに入社4年目に結婚しましたが、その時も貯金があったことで、安い給与でも何とかやっていけました。

こうした生活上の工夫は、すべて偉人伝で学んだことを応用したものです。そうした生

活の知恵は、偉人伝を読むことで自然に身についてきます。

第２項　田中菊雄氏の場合

★渡部昇一氏を奮い立たせる

戦前の１８８５（明治18）年から１９４３（昭和18）年までの58年間にわたって、年2回（5月と11月）行われた文検《ぶんけん》と呼ばれた文部省検定試験は、旧制の師範学校・中学校・高等女学校の教員免許状の取得を目指す人に対して、文部省が行った試験です。

この検定試験の制度のおかげで、世の独学者たちや小学校卒の人たちでも教師の資格を得て教育界で活躍でき、戦前の中等教育を支える大きな力となりました。

この試験は高等師範学校４か年卒業程度の能力が求められ、その合格率は数％と超難関であったことから、合格することは大変な名誉で、社会的評価も高く、「文検合格」は世のステータスシンボルと見なされました。

この文検の合格者で世の注目を浴びたのが、英文学者であり、かつ岩波英和辞典の編纂者でもあった田中菊雄氏（1893～1975）です。この田中氏の努力と業績について高く評価したのが、上智大学名誉教授であった渡部昇一氏です。

田中氏の著書『あなたはこの自助努力を怠っていないか！』（三笠書房・『知的人生に贈る』の新装刊行に当たり改題したもの）の冒頭で、渡部氏はこう述べています。

小学校から中学校にかけて、田中菊雄先生は私の心の中の英雄であった。田中先生は当時、山形県の最高学府であった旧制山形高校の教鞭をとっておられ、先生が高等小学校中退で高等学校の先生までなられた方だという話は、なかば伝説的な形でわれわれにつたわってきていた。

私は偶然で旧制中学に進むことができたものの、それより上の教育を受けられる可能性は無きに等しかった。今ではほとんど実感できないことであるが、戦前に旧制中学へ進むということはたいへんなことであった。（中略）

私は小学校の時から勉強は好きであったにもかかわらず、旧制中学に進めるかどうかわからなかった。しかしみんなといっしょに受験してみたところ、かなりよい成績で合格してしまった。あとで母の話を聞いたところによると、実は受けたいというので受けさせたのだが、ほんとうに上がられたらどうしようと思って心配していたらしい。ところが合格発表を見た私があんまり喜んで帰ってきたので、なにがなんでも進ませてやらねばならないという気になった、ということだった。旧制中学というのはそれほどのものであった。ましてや中学が終わってから旧制高等学校や旧制大学に進むなどということはほとんど夢物語であった。

そこで自分の進学を考えるたびにいつも、身近に――といっても同じ山形県内という意味でだが――田中先生のことが思い出された。進学のことを考えるたびに田中先生、立志のことを考えるたびに田中先生、という時期がずっと長かったのである。したがって、田中先生の本は全て所有し、すべて読んでいたと思う。

田中先生ご自身は、戦前の先生としては例外的といってもいいほど、めずらしく自己を語ることを躊躇されない方であった。本書を始め、『現代読書法』『英語研究者のために』『私の英語遍歴』では、いずれもご自分の若いころの生の体験を非常に素直に語っておられる。それが実に感激的であり、古い言い方をすれば懦夫をして起たしむるものがあった。そこには、高等小学校中退だけで旧制中学の先生となり、さらに旧制高校、戦後には大学の先生を務めた人の姿があった。

★自己実現と自己犠牲

戦前の国民学校に3年生半ばまで通った私は、旧制中学や旧制高校に入学することがいかに大変なことかは子供心ながらも感じていました。ですから渡部氏の述懐がよく理解できます。そんなことから私も渡部氏にならって、田中菊雄氏の著作を読むと同時に、その苦学振りに大いに刺激を受けました。

拙著『「伸び悩み」を感じた時読む本』（PHP研究所　1989）では「列車給仕から苦学して大学教授になった田中菊雄の学者人生」の1節を設けて、田中氏を紹介しています。そこで私はこう書きました。この考えは今でも変わりません。

田中菊雄の生涯を知ると、ひとかどのことを成し遂げる人間の生き方を見せられる思いにかられる。何事でも、人並み以上のことをしたいと思ったら、それ以外のことはかなり犠牲にしなければならない。自己実現欲求を満たすには、片方で自己犠牲が伴うことを忘れてはならない。

田中氏の生涯を知って、私たちも己の怠惰な精神を叩き直したいものです。

第３項　松本清張氏の場合

★学歴に苦しめられる

貧乏をバネに大きな飛躍を遂げた人の中で、決して忘れてはならないのが、作家・松本清張氏（１９０９〜１９９２）です。氏もまた家庭が貧しいゆえに高等小学校を出ると働きに出されました。電気会社の給仕からスタートし、印刷会社の見習工から版下工になり、さらに広告図案工を経て独立、28歳で自営の版下職人になったのです。

30歳の時、朝日新聞社西部支社広告部との間で版下図工の嘱託社員の契約を結び、広告部常勤となりました。最初は嘱託と自営職人の仕事と半々でしたが、次第に新聞社の仕事が増えていき、嘱託一本に絞っていきました。

34歳の時に正社員になり生活は安定したものの、社内の学歴による身分差があったため実力が認められず、精神的に満たされぬ日々を送ったのです。その辺の事情は氏の『半生記』（河出書房新社、新潮文庫）に詳しく記されています。

１９６６（昭和41）年末、私は出張先の旅館で『半生記』を読み、松本清張氏の具体的な経歴を初めて知った時のことを今も忘れません。氏は朝日新聞社西部支社広告部の嘱託採用から後に正社員になってからも、学歴格差による差別に苦しむくだりが、私にとって非常に印象深かったからです。

朝日新聞社だけでなく、私の入社した当時の日本経済新聞社も、大学卒で本社採用の正式入社以外の人たちに対する学歴差別はありました。しかしその差別を受ける側の人たちの精神的苦痛について、私は『半生記』を読むまではさほど感じていませんでした。

さらに、その後、松本氏と同じく現地採用の広告部で働いていた吉田満氏が書いた『朝日新聞社時代の松本清張』（九州人文化の会刊）を読んで、当時の松本氏をはじめ大学卒でない現地採用の社員たちが受けた精神的屈辱が、いかなるものであったかを私は詳細に知ったのです。

★反発をエネルギーに

その屈辱感が逆にエネルギーとなって、松本氏の場合は『西郷札』の執筆につながったことがわかるような気がしました（『西郷札』は、週刊朝日の懸賞小説で3等に選ばれ、しかもその年の直木賞候補にもなりました。加えて、西郷札は1等にしてもよかったものの、朝日の社内の者だということで割愛された、との噂が東京本社から伝わってきたのを松本氏は聞いたのです）。

『朝日新聞社時代の松本清張』の中の逸話で、吉田氏が「なんのために西郷札を書いたのですか」と3等に入選後に尋ねた時の松本氏の答えが、次のように記されています。

「賞金が欲しかったと言わせたいんだろう。だが、それは儚《はかな》い希望だった。僕を夢中にさせたのは、生活からの逃避だった。小説を書いている間は、いやな現実も逃げてくれたからね。考えてみろよ。僕らの現実は、いやなことや苦しいことばかりじゃないか。会社の中だって、組織に胡坐をかいて大して働かん奴が高給をくらって偉くなっていくじゃないか。僕は奴らと喧嘩せずにはおれないんだが、あとは、いつも後悔してるんだよ」

「だがな、僕は必ず文壇に出てみせるよ。ほんとやで」

★「僕は必ず文壇に出てみせるよ」

『西郷札』が1等に選ばれるはずであったこと、直木賞候補になったことを知った松本氏は、作家としての己の力に目覚めたのでしょう。そうでなければ「必ず文壇に出てみせる」の言葉を他人に明かすことはないはずです。

その証拠に吉田氏は自分の日記にこう書いたと、先の著作で語っています。

「別冊週刊朝日が発行されて、百万人の小説の当選作が出た。松本氏は数十冊も買い込んで既成作家や先輩に送った。その作業を自宅でやらずに会社でやるので、みんな変な顔をしてちらちら見てはいたが、松本氏はちっとも気に掛けていない。平気だ。予選通過の端くれでもいいと語った謙虚さはもうない。三等に入選し、実力的には一等であったという事実に、松本氏は大いに自信を得たのであろう」

この吉田氏の予言通り、『西郷札』以後の松本氏は、人が変わったように、積極的に自分を売り込んでいきました。中央（東京）にいないので発表機関がないことを残念と考えた松本氏は、上司に東京本社への転勤を頼んだようです。氏の作品が直木賞候補に選ばれ、続いて書いた『ある「小倉日記伝」』が、芥川賞に選ばれた事実が、幹部たちの評価を変えることに影響を与えたのでしょう。

氏は希望通り、東京本社に転勤となり、いよいよ作家としての松本氏の人生が始まったのです。42歳までの苦難な前半人生があったからこそ、以後の82歳で亡くなるまでの40年間が、輝かしいものになっていったのです。

第４項　本多静六氏の場合

★努力に努力を重ねたら・・・

努力、努力で大きな成功を収めた代表的人物として、私は本多静六氏（１８６６〜１９５２）を強く推薦します。

氏は貧困の中で苦学して東京大学農学部の前身・東京農科大学へ進み、そこで猛勉強して卒業しました。その後はドイツに留学して博士号を取得し、帰国後は母校、東京大学農学部の教授となり、併せて日本初の林学博士となり「日本の公園の父」といわれるほど、日比谷公園をはじめ全国の主な公園の設計に携わりました。林学史上、数々の業績を残しましたが、本多氏の人となりについて、氏の弟子の一人はこう述懐しています。

先生は人並み以上の頭脳、体力と強い意志をお持ちでしたが、生まれつきの天才ではなかったと思います。先生は「努力さえすれば、普通の人でもある程度の成功を収めることができる」という模範を示してくださった方です。そういった点では、天才以上の影響を与えてくださいました。

（『日本の公園の父　本多静六』より）

この弟子の指摘通り、氏は「凡才プラス努力」の信念で、「努力また努力」と努力を重ねながら、偉業を成し遂げた人です。その努力の背後には数々の貧乏時代の経験があったのです。

★「貧乏」は青年への最も貴重な遺産

氏は貧乏についてこう述べています。

親譲りの貧乏は、自然幼少のころから克己努力を積ませ、よき体験を与え、堅実な人生を作り、老後には幸福の生活を営むことができるのだ。したがって、貧乏の体験は、「青年への最も貴重な遺産」といわれるのである。私がこの貧乏の体験を早くから得ることができたのは、親譲りの大きな幸せであったと思う。

（『本多静六自伝体験八十五年』より）

私も今思うと、小学校後半から高校卒業まで貧乏な生活をしたおかげで、独立後の後半の人生でとても得をしたと思っています。その私自身の体験があったことで、本多氏の人生から多くの示唆を得ることができるのです。

★生涯376冊

本多氏の偉業の1つ目は、収入（臨時収入も含む）の4分の1を貯蓄し、その資金を株式や不動産に投資して財産を増やし、大学退官時には今の金額で100億円ほどの巨額なものにしていることです。しかも本多氏は、その巨額な資産を退職時に各方面に寄付し、ご自身は相変わらず質素な生活を亡くなるまで送ったのです。何と素晴らしい社会貢献の人生でしょうか。

偉業の２つ目が、25歳から1日1頁以上の執筆を積み重ねていき、生涯で３７６冊の編著書（教養書53冊を含む）を著したことです。

この執筆は85歳まで続けられたのですから、25歳から85歳までの61年で全著作３７６冊ですから、1年で約6冊となります。私も執筆業を営む1人ですが、この数字がどれだけ凄いかは、体験上よくわかります。もちろん大勢のスタッフの助けを借りてのことだとは思いますが、それにしても物凄い数字です。努力の程度が桁違いであることがよくわかります。

本多氏の専門書以外の教養書53冊の3分の1ほどは、今も新刊・古本の市場で求めることができます。氏の死後69年目の今日もそれだけの本が読まれているのですから、私を含め本多静六ファンが未だに数多く存在しているということでしょう。

偉業の３つ目が、氏が林学者として残した東大付属の演習林の存在です。

日本で初めて演習林（千葉演習林）を作った松野礀《はざま》氏（１８４６～１９０８　東京山林学校創設者・初代校長。後の帝国大学農科大学の教授で本多氏の恩師）の指導の下で、本多氏は国から移管された千葉演習林と北海道演習林の運営に当たり、その後も秩父演習林の創設に大きく寄与しました。

今では東大農学部の保有する演習林は７カ所・３万２０００ha（千葉・北海道・秩父・田無・生態水文学研究所・富士癒しの森研究所・樹芸研究所）に及んでいます。それらは戦前に作られたものだけに、全て本多氏の関与が考えられます。これらの演習林は、今日、日本の林学を支える東大を含めた各大学の指導陣・森林の管理運営者を育成する場であり、加えて貴重な原生林を保存する役割をも担っています。それだけに本多氏の存在価値は今に及んでおり、氏の学問的遺産価値は、計り知れないものがあると言えます。

第５項　フランクリンの場合

★フランクリンと福沢諭吉

世に出ている自己啓発思想本は、ニューソート（New Thought）系と非ニューソート系に分かれます。

ニューソート系とは、人間の思考の持つエネルギーで宇宙のエネルギーに働きかけるとする考え方であり、現世利益の追求を戒めるカルヴァン主義への反発から生まれたものです。アメリカの心理療法家フィニアス・クインビーやラルフ・エマーソンらがその代表です。

一方、非ニューソート系とは、偉人や成功者の人生を見習うことを奨励するもので、『フランクリン自伝』は非ソート系のトップバッターの役割を担っています。

ベンジャミン・フランクリン（１７０６～１７９０）は、アメリカ独立宣言の起草者、すなわちアメリカ合衆国建国の５人の父の１人として歴史の教科書で紹介され、また現在の米１００ドル紙幣の肖像画に描かれているアメリカ歴史上で最も成功した人物と言われています。

わが国の自己啓発本の代表的な本は福沢諭吉の『学問のすすめ』ですが、『学問のすすめ』の最初の書き出し「天の上に・・・」は独立宣言の言葉から引用しているように、福沢諭吉はフランクリンの影響を受けています。このようにフランクリンの著書はわが国でも自己啓発本のトップバッターなのです。

★勤勉と徳

ところで彼は、イギリスからアメリカのボストンに移住してきたロウソク職人の家庭で15番目の子として生まれました。家が貧しいために10歳で学校教育を終え、印刷出版業を営んでいた兄のもとで見習いとして働きますが、兄と度重なる喧嘩の末、17歳で家を出て３年間、ニューヨーク、フィラデルフィア、ロンドンにおいて身につけた印刷技術を駆使して働き、１７２６年、ロンドンからフィラデルフィアに戻り、印刷工として働き、１７２８年に印刷業で独立します。

翌１７２９年、22歳で『ペンシルベニア・ガセット』紙を買収し、アメリカ初のタブロイド誌を発行。このあたりから彼は勤勉と誠実さと周りの人々の「引《ひき》」を武器に、印刷業をベースに事業を次々と展開して行きました。

さらに１７３１年、25歳の時にアメリカ初の公共図書館（フィラデルフィア組合図書館）を設立。この図書館が成功を収めたことから、アメリカの各都市に図書館が作られていくことになったのです。またこの年に、「13の徳」を樹立し、それを身につけるための方法を自ら実践しました。

１７３４年に処世訓・格言集『貧しいリチャードの暦』を発刊、これが評判を呼んで１万部も売れ、以来25年も続刊し、彼の名が広く知られるようになり、28歳で経済的に恵まれる人生をスタートできた要因となりました。

このキャリアからも推察できるように、彼は若くして人々に認められました。それは13の徳を身につけると同時に、独学でフランス語・イタリア語・スペイン語を学ぶといった勤勉振りが、彼の人間的な魅力になったのです

★霞が関官僚必読の書

霞が関の若手行政官の研修を担う人事院公務員研修所では、推薦図書のリストを作成しています。その中に『フランクリン自伝』も含まれており、その解説の一部に次のようなコメントが記されています。

この自伝には、現代の公務員にとっても大切な教訓が数多く含まれている。彼は23歳のときに13の徳目を選んでその実行を自らに課した。そのうち、13番目の徳目「謙譲」はあとから追加したものである。彼は人間の感情の中で「自負心」ほど抑え難いものはないと

気づき、高慢・不遜な態度をとらないように努力した。謙譲を旨として、ことば遣いに注意するようになってから、彼の説得力は一段と増し、商売上も公的発言の上でも非常に役立ったと述べている。また、いきなり自己主張することなく、事前に雰囲気を作っておくことの重要性も説いている。

★まともな生き方を学ぶ

最近の日本人は、「努力」「勤勉」「倹約」といった自分に厳しくて自己抑制の必要な言葉を避ける傾向がありますが、それは謙譲の徳を忘れた時の自己中心の発想が生み出すわがままな気持ちの表れです。

フランクリンは自伝の「十三徳樹立」の項でこう述べています。

「79歳になる今日まで私がたえず幸福にして来られたのは、神の恵みのほかに、このささやかな工夫（注・13の徳の樹立のこと）をなしたためであるが、私の子孫たる者はよくこのことをわきまえてほしい」

世界で最も読まれている『フランクリン自伝』（岩波文庫）を通して、私たちは、改めて人間としてのまともな生き方を学び直したいものです。

あとがき

本書をお読みくださいまして、誠にありがとうございました。

さて、心を磨くことを大切にしてきたわが国の歴史を無視して、中国と同じように利益追求だけに走ることになれば、建国以来何千年にわたって培ってきたわが国の精神文化を捨て去ることになります。これまで世界中から称賛されてきたわが国の文化文明と、それを培ってきた祖先からの数々の心的遺産を、私たちの代で失うような振る舞いは、決して許されるものではありません。

もしそれが許されるとなれば、世の中は確実に殺伐としたものになっていくでしょう。そんな世の中を私たちの子や孫や将来の日本を担う人々に引き渡すことは、誰も望んでいないはずです。

日本の素晴らしい環境に恵まれた私は、今日まで幸せな人生を送ることができました。その人生の中で「幸せな人生を歩むための法則」は生まれたのです。多くの方々に、その大事さを伝えていくことが私の使命だと考えています。それだけに、心構えを自分のものにでき、幸せな人生を送ることができている私自身の体験談を、多くの皆様と共有していきたいと切望しています。

発刊に際し、ぱるす出版の梶原社長には、何かとお世話になりました。梶原社長は、かつて㈱ぎょうせいにおいて、編集企画部門で活躍された方で、最後は出版企画部門と工場部門の責任者（執行役員）を務められ、２０１７（平成29）年末に退かれ、ぱるす出版創業者である地主浩侍氏、そして春日榮社長の後を受けて、２０１８年10月から同社を引き継ぎ事業展開をされています。

梶原社長には、㈱ぎょうせい時代に、拙著を5冊出していただき、私の独立から今日までの生き様をずっと見てきてくださいました。私の存在価値を証言してくださる貴重な方でもあります。今回も、梶原社長にはご支援をいただきました。そのご協力に対し、心からお礼を申し上げます。

また私の活動を支えてくださっている全国の田中真澄ファンの皆様にも、この紙面をお借りして、日頃のご厚意に感謝の意を表したいと存じます。

２０２０年7月吉日

田中　真澄

著者紹介・田中 真澄（たなか ますみ）

経 歴

１９３６年 福岡県に生まれる。
１９５９年 東京教育大学（現・筑波大学）を卒業し、日本経済新聞社に入社。企画調査部、販売局、社長室、出版局の各職場で14職務を担当。
１９６９年 日経とアメリカマグロウヒル社との合弁出版社・日経マグロウヒル社（現・日経ＢＰ社）に出向。同社調査開発長ならびに日経マグロウヒル販売（現・日経ＢＰマーケティング）取締役営業部長として活躍。
１９７９年 日本経済新聞社における20年間の勤務に終止符を打ち、独立。有限会社ヒューマンスキル研究所設立。新しい形の社会教育家を目指し、日本初のモチベーショナル・スピーカーとして活動を開始。
２００５年 『週刊東洋経済』誌8月17日号の若手講師ランキングにおいて、ナンバーワンに選ばれる。ベンチャービジネス団体の「1万円出しても聴きたい講師」上位10名の中に選ばれる。

講 演

スピーディーな語り口、豊富な板書、パワフルなパフォーマンスの３つの技を用いて、体系的にわかりやすく真剣に訴える熱誠講演は、多くの人々に生きる勇気と希望と感動を与え続けている。
講演は、あらゆる職種・業種・年代の人々を対象に行われている。

メールアドレス masumit@rapid.ocn.ne.jp

田中真澄・著書一覧

２００６年以降の主な著書は次のとおり（累計96冊執筆）

『人生を好転させる　情熱の人生哲学』（ぱるす出版）
『田中真澄のいきいき人生戦略』（モラロジー研究所）
『信念の偉大な力』（ぱるす出版）
『超高齢社会が突きつける　これからの時代の生き方』（ぱるす出版）
『田中真澄の実践的人間力講座』（ぱるす出版）
『やる気再生工場塾』（ぱるす出版）
『田中真澄の88話』（ぱるす出版）
『人生は今日が始まり』ポケットサイズ（ぱるす出版）
『人生の勝負は後半にあり』（ぱるす出版）
『百年以上続いている会社はどこが違うのか？』（致知出版社）
『100歳まで働く時代がやってきた』（ぱるす出版）
『小に徹して勝つ』（ぱるす出版）
『商人道に学ぶ時代がやってきた』（ぱるす出版）
『臨終定年』（ぱるす出版）
『朝礼・会議で使える田中真澄の61話』（ぱるす出版）
田中真澄のパワー日めくり『人生は今日が始まり』（ぱるす出版）

田中真澄のパワフル・ブック

朝礼・会議で使える田中真澄の 61 話

¥1,300＋税　四六判・212 頁

心に残る言葉、やる気が出る話、勇気を与えるエピソード等々、著者40余年の集大成！

臨終定年　人生後半の生き方

¥1,300＋税　四六判・176 頁

人生100年時代に生きる羅針盤。著者人生哲学の書き下ろし集大成！

商人道に学ぶ時代がやってきた

日本の商人道の源流～石田梅岩に学ぶ

¥1,300＋税　四六判・220 頁

働き方革命、人生100年時代、雇われず、雇わずの働く時代がやってきた。

100 歳まで働く時代がやってきた

¥1,300＋税　四六判・232 頁

定年は一生の一里塚。年齢に関係なく専門力を発揮できる人が生き残れる。

小に徹して勝つ　凡人の成功哲学

¥1,300＋税　四六判・212 頁

定年のない仕事における収入は最高の年金。小に徹すれば後半で勝負ができる。

田中真澄の 88 話

¥1,300＋税　新書・192 頁

自分の生き方を問い直す 88 の伝言！

人生の勝負は後半にあり

¥1,300＋税　四六判・224 頁

中高年起業のすすめ。実際に起業家として成功した 51 名を紹介！

田中真澄のパワー日めくり「人生は今日が始まり」

¥400＋税　B6 ポケットサイズ　64 頁

ひとつの言葉に勇気が生まれ、生きる力が湧く。人生の箴言満載！

ぱるす出版図書案内

柳平　彬

やる気を引き出す 言氣の心理学

1200円+税　四六判　224頁

働き方とは一人ひとりの生き方が凝縮されたもの。人間が働くことの意味を改めて問い直す。

木村　俊昭

地域創生の本質～イノベーションの軌跡～

1300円+税　四六判　200頁

「スーパー公務員」として全国に旋風を巻き起こした著者が、全く新しい手法・五感六育による地域づくりの真髄と具体的な手法を明快解説！

星　亮一

会津藩燃ゆ―我等、かく戦へり―【令和新版】

1800円+税　四六判　400頁

押し寄せる薩長政府軍に敢然と立ち向かった会津武士、感動の物語！　今「令和」の時代によみがえる！

八幡　和郎

「日本国紀」は世紀の名著かトンデモ本か

1600円+税　四六判　264頁

大ベストセラー『日本国紀』の正しい読み方を明らかにする。大論争を最終決着させる話題沸騰の書。

木本　努

シングル父さん子育て奮闘記

1300円+税　四六判変形　210頁

3人の子供を遺して逝った妻。仕事に子育てに、一人の男の闘いが始まった。壮絶な、しかし感動的な物語。2019年ベストファーザー受賞。

岡本眞一・青木俊明・山口就平／共著

タイの自然と蝶

3600円+税　A5判　256頁　オールカラー

世界有数の蝶々の王国・タイ。そこに生息する蝶の全てをオールカラーで紹介した本邦唯一の本。

春名　伸司

末期ガンを乗り越え100歳をめざす

1143円+税　四六判　168頁

末期ガンを乗り越えた壮絶な闘病録。非凡な人間力試練を乗り越えた魂の記録。

大畑　誠也

答は現場にあり

1143円+税　四六判変形　168頁

教育の再生は親と子の関係改善にある。教育改革に敢然と取り組んだ感動の物語。

村山　順子

人生を変えた10行の手紙

1200円+税　四六判変形　152頁

夫との突然の別れで鬱状態の筆者に生きる希望を与えたのは夫からの10行の手紙だった。

佐々木　正美

お母さんの安心子育て

1143円+税　四六判　188頁

毎日の子育てで本当に大事なことは何かを平易な言葉で解説。

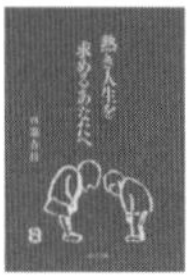

西端　春枝

熱き人生を求めるあなたへ

1200円+税　四六判変形　160頁

実業家として宗教家として歩み著者が到達した人生の生き方の極意を語る。

小林　牧牛

くよくよするなあるがまま

1800円+税　A4判変形　46頁・オールカラー

お地蔵さまとの対話すると心がおちついてくる。不思議な牧牛陶人形の世界。

小林　牧牛

陶人形の世界

1500円+税　四六判変形　64頁・オールカラー

牧牛陶人形と珠玉の言葉。感動の写真詩集。

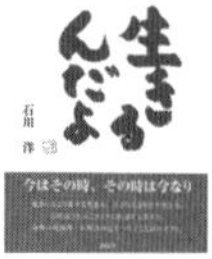

大越　桂
あしたの私は幸せになる
1400円＋税　四六判変形　128頁
重度な障害を抱え寝たきりになりながら明日に希望を見る珠玉の魂の文集。

石川　洋
生きるんだよ
1600円＋税　四六判変形　128頁
母に対する感謝、生い立ち、一燈園での教え、露頭での修行等々著者の生き様。

石川　洋
つづいてこそ　道（ポケット版）
365円＋税
石川洋の心温まる箴言満載。

石川　洋
一日一日を生きる（ポケット版）
365円＋税
石川洋の心温まる箴言満載。

月刊紙

「月刊ぱるす通信」
A3　4頁　オールカラー
毎月12日発行　年11回
年間購読料／5000円（税送料込）

カレンダー

石川　洋
日めくりカレンダー**「一日一根」**
762円＋税　縦182×230㎜
「1日　人生今からだ」・・・石川洋の箴言を一日一日かみしめる。

佐々木　正美
母さんの安心子育てカレンダー　日めくり
1143円＋税　縦225×横180㎜
子育ての毎日の要点を31の平易な言葉で表現。楽しい日めくりカレンダー。

小林　牧牛
日めくりカレンダー**「何歳になっても夢の中」**
1300円＋税　A5　17枚綴り（両面印刷）
1日・今が全て　2日・人生だれでも今が旬　3日・うしろをふり向かず前を向いて歩こう　一歩一歩……。

石川　洋
2021石川洋オリジナルカレンダー**「朝はいただきもの」**
1200円＋税　見開きサイズ　縦444㎜横293㎜
毎年完売の人気商品！毎年10月発売開始

幸せな人生を歩むための８つの法則

——84歳の社会教育家が語るとても大切なこと——

令和２年７月25日　初版第１刷
令和２年12月１日　初版第２刷

著　者　　田　中　真　澄
発行者　　梶　原　純　司
発行所　　ぱるす出版　株式会社
東京都文京区本郷2-25-14　第１ライトビル508　〒113-0033
電話（03）5577-6201（代表）　FAX（03）5577-6202
http://www.pulse-p.co.jp
E-mail　info@pulse-p.co.jp

本文デザイン　オフィスキュー／表紙カバーデザイン　㈱WADE
印刷・製本　有限会社ラン印刷社
ISBN 978-4-8276-0255-5　C0011